Contabilidade para as Carreiras Policiais

Anderson Fumaux

Contabilidade para as Carreiras Policiais

Freitas Bastos Editora

Copyright © 2021 by Anderson Fumaux

Todos os direitos reservados e protegidos pela Lei 9.610, de 19.2.1998. É proibida a reprodução total ou parcial, por quaisquer meios, bem como a produção de apostilas, sem autorização prévia, por escrito, da Editora.

Direitos exclusivos da edição e distribuição em língua portuguesa:
Maria Augusta Delgado Livraria, Distribuidora e Editora

Editor: Isaac D. Abulafia
Capa: Jair Domingos de Sousa
Diagramação: Futura

F976c   Fumaux, Anderson

Contabilidade para as Carreiras Policiais / Anderson Fumaux. – Rio de Janeiro, RJ: Freitas Bastos, 2021.

308 p. ; 23 cm.

ISBN: 978-65-5675-026-2

1. Contabilidade. 2. Carreiras Policiais. I. Título.

2021-565   CDD 657
                                                  CDU 657

Freitas Bastos Editora
Tel./Fax: (21) 2276-4500
freitasbastos@freitasbastos.com
vendas@freitasbastos.com
www.freitasbastos.com

AGRADECIMENTOS

Após dois livros publicados com temas bem técnicos, resolvi dedicar uma obra especialmente a um público muito específico que conheci há pouco tempo no qual passei a ter a maior admiração: os candidatos a concursos das carreiras policiais.

São centenas de milhares de pessoas que possuem um sonho em comum: a de ingressarem nos quadros da Polícia Federal e da Polícia Civil.

Ao lecionar para diversos cursos preparatórios direcionados a estes concursos, percebi uma demanda gigantesca que até então desconhecia e, para a minha surpresa, que a maior parte dos alunos tinha eleito a disciplina mais difícil: Contabilidade.

Dessa forma, não pensei duas vezes e sugeri à Freitas Bastos uma obra que pudesse mostrar a Contabilidade de forma mais simples e direcionada a este tipo de concurso.

A Editora, mais uma vez demonstrando cumplicidade e parceria, prontamente comprou a ideia e, em tempo recorde, conseguiu disponibilizar a obra nas versões impressa e online.

Além da Freitas Bastos, agradeço a Deus, a minha família, a meus amigos e a todos os colegas de trabalho por mais uma obra, a qual espero possa colaborar com o sucesso de vocês.

APRESENTAÇÃO DO LIVRO

A Contabilidade sempre esteve presente no mundo dos concursos públicos, entretanto, figurava apenas em certames que envolviam cargos específicos de contadores ou de carreiras fiscais.

Com o passar dos anos, a Contabilidade evoluiu e se tornou uma ferramenta essencial no processo decisório das entidades, bem como um importante instrumento de controle e de conformidade.

Nesse sentido, diversos outros concursos passaram a incluir Contabilidade em seus editais, seja nas carreiras administrativas, nos tribunais e principalmente nas carreiras policiais, foco desta obra.

Se analisarmos os editais de Agente e Escrivão da Polícia Federal e da Polícia Civil de diversos estados, por exemplo, uma das disciplinas que possui maior peso é a Contabilidade.

Será que faz sentido? Claro que faz.

A Contabilidade possui como objeto de estudo o patrimônio das entidades e pratica as funções de orientação, controle e registro dos atos e fatos de uma administração econômica.

E quais são os crimes que crescem com maior velocidade e possuem maior complexidade?

Os crimes contra o sistema financeiro, contra o patrimônio e aqueles que envolvem lavagem de dinheiro.

Nesse sentido, é fundamental que o candidato postulante a cargos nas carreiras policiais possua conhecimentos dos principais conceitos de

Contabilidade e, principalmente, entenda de que forma as transações ocorridas em uma entidade impactam em seu patrimônio.

Dessa forma, a obra "CONTABILIDADE PARA AS CARREIRAS POLICIAIS" apresenta de forma simples e objetiva os principais tópicos que caem nos concursos da Polícia Federal e das Polícias Civis.

O livro foi produzido com base no edital dos últimos concursos de Agente e Escrivão da Polícia Federal e das Policias Civis de diversos estados, bem como em provas passadas.

SUMÁRIO

INTRODUÇÃO 17

1 CONCEITO, OBJETO, CAMPO DE APLICAÇÃO, FINALIDADES, FUNÇÕES, TÉCNICAS E USUÁRIOS DA CONTABILIDADE........ 19

1.1. CONCEITO 19

1.2. OBJETO..20

1.3. CAMPO DE APLICAÇÃO 20

1.4. FINALIDADES 21

1.5. FUNÇÕES 21

1.6. TÉCNICAS CONTÁBEIS 22

1.7. USUÁRIOS DA INFORMAÇÃO CONTÁBIL 24

2 LEGISLAÇÃO BÁSICA...27

2.1. DECRETO-LEI Nº 9.295/46 27

2.2. LEI Nº 6.404/76 28

2.3. LEIS Nº 11.638/07 E 11.941/09 29

2.4. LEI Nº 12.973/14 30

2.5. PRONUNCIAMENTOS TÉCNICOS (CPC´S) 30

2.6. NORMAS BRASILEIRAS DE CONTABILIDADE (NBC´S)..............31

3   TIPOS DE SOCIEDADES E EMPRESAS 33

3.1. SOCIEDADE SIMPLES 34

3.2. SOCIEDADE LIMITADA 34

3.3. SOCIEDADE ANÔNIMA..35

3.4. EMPRESÁRIO INDIVIDUAL 35

3.5. EMPRESÁRIO INDIVIDUAL DE RESPONSABILIDADE
     LIMITADA 36

3.6. SOCIEDADE UNIPESSOAL LIMITADA......................................36

3.7. MICROEMPREENDEDOR INDIVIDUAL (MEI)............................37

3.8. MICROEMPRESA (ME) 37

3.9. EMPRESA DE PEQUENO PORTE (EPP)....................................38

3.10. EMPRESA DE MÉDIO E GRANDE PORTE 38

**4   PATRIMÔNIO: COMPONENTES, EQUAÇÃO FUNDAMENTAL
    DO PATRIMÔNIO E SITUAÇÃO LÍQUIDA 39**

4.1. BENS 35

4.2. DIREITOS 40

4.3. OBRIGAÇÕES 40

4.4. EQUAÇÃO FUNDAMENTAL..41

4.5. PATRIMÔNIO LÍQUIDO 41

4.6. REPRESENTAÇÃO GRÁFICA 43

4.7. ORIGENS X APLICAÇÕES...43

4.8. SITUAÇÃO LÍQUIDA 44

4.9. SITUAÇÃO LÍQUIDA POSITIVA..45

4.10. SITUAÇÃO LÍQUIDA NEGATIVA..45

4.11. SITUAÇÃO LÍQUIDA NULA 46

**5   ATOS E FATOS ADMINISTRATIVOS: CONCEITOS, FATOS
    PERMUTATIVOS, MODIFICATIVOS E MISTOS 49**

5.1. FATOS PERMUTATIVOS..50

5.2. FATOS MODIFICATIVOS 50

5.3. FATOS MISTOS OU COMPOSTOS 50

6 CONTAS: CONCEITOS, TEORIA DAS CONTAS, CONTAS PATRIMONIAIS, DE RESULTADO, REDUTORAS, CONTAS ESTÁVEIS E INSTÁVEIS 63

6.1. TEORIA DAS CONTAS 63

6.2. TEORIA PERSONALISTA 64

6.3. TEORIA MATERIALISTA 65

6.4. TEORIA PATRIMONIALISTA 65

6.5. CONTAS PATRIMONIAIS 66

6.6. CONTAS DE RESULTADO 67

6.7. CONTAS RETIFICADORAS (REDUTORAS) 68

6.8. CONTAS ESTÁVEIS E INSTÁVEIS 70

7 PLANO DE CONTAS, FUNÇÃO E FUNCIONAMENTO DAS CONTAS E NATUREZA DAS CONTAS 71

7.1. PLANO DE CONTAS 71

7.2. NATUREZA DOS SALDOS DAS CONTAS 80

7.3. MOVIMENTAÇÃO DAS CONTAS 82

7.4. REPRESENTAÇÃO GRÁFICA 82

8 ESCRITURAÇÃO: CONCEITOS, LANÇAMENTOS CONTÁBEIS, ELEMENTOS ESSENCIAIS, FÓRMULAS DE LANÇAMENTOS, ERROS EM LANÇAMENTOS CONTÁBEIS, LIVROS CONTÁBEIS E REGIMES CONTÁBEIS 85

8.1. MÉTODO DE ESCRITURAÇÃO 86

8.2. LANÇAMENTO CONTÁBIL 86

8.3. ELEMENTOS ESSENCIAIS DO LANÇAMENTO 86

8.4. FÓRMULAS DE LANÇAMENTO 87

8.5. ERROS DE ESCRITURAÇÃO E CORREÇÕES 90

8.6. ESTORNO 90

8.7. TRANSFERÊNCIA 91

8.8. COMPLEMENTAÇÃO 92

8.9. LIVROS CONTÁBEIS 92

8.10. FORMALIDADES DOS LIVROS 94

8.11. REGIMES CONTÁBEIS 94

9 CONTABILIZAÇÃO DE OPERAÇÕES CONTÁBEIS DIVERSAS: JUROS, DESCONTOS, ALUGUÉIS E VARIAÇÃO MONETÁRIA/CAMBIAL 97

9.1. EMPRÉSTIMOS E FINANCIAMENTOS 99

DESPESAS E RECEITAS FINANCEIRAS 101

9.2. DESCONTOS CONCEDIDOS (CONDICIONAIS) 102

9.3. DESCONTOS RECEBIDOS 102

9.4. VARIAÇÕES CAMBIAIS 103

10 CONTABILIZAÇÃO DE OPERAÇÕES CONTÁBEIS DIVERSAS: FOLHA DE PAGAMENTO 105

10.1. ADIANTAMENTO DE SALÁRIOS 106

10.2. ENCARGOS SOBRE A FOLHA 106

10.3. INSS SOBRE SALÁRIO X INSS DESCONTADO 107

10.4. IRRF 104

10.5. 13º E FÉRIAS 108

10.6. VALE TRANSPORTE 110

10.7. SALÁRIO-FAMÍLIA E SALÁRIO-MATERNIDADE 112

11 CONTABILIZAÇÃO DE OPERAÇÕES CONTÁBEIS DIVERSAS: DEPRECIAÇÃO, AMORTIZAÇÃO, EXAUSTÃO E BAIXA DE BENS 115

11.1. GASTOS COM MANUTENÇÃO PERIÓDICA 116

11.2. SUBSTITUIÇÃO DE PEÇAS OU REPAROS 117

11.3. AMORTIZAÇÃO 118

11.4. EXAUSTÃO 119

11.5. BAIXA DE BENS 120

12 CONTABILIZAÇÃO DE OPERAÇÕES CONTÁBEIS DIVERSAS: OPERAÇÕES COM MERCADORIAS (COMPRAS) ..121

12.1. CUSTO DE AQUISIÇÃO 121

12.2. CUSTOS DE TRANSFORMAÇÃO 122

12.3. TRIBUTOS RECUPERÁVEIS 122

12.4. FORMA COMO OS TRIBUTOS SÃO COBRADOS.......123

12.5. ICMS 119

12.6. IPI120

12.7. DESCONTOS INCONDICIONAIS/ABATIMENTOS 126

12.8. DESCONTOS CONDICIONAIS 126

12.9. FRETE E SEGURO 127

13 CONTABILIZAÇÃO DE OPERAÇÕES CONTÁBEIS DIVERSAS: OPERAÇÕES COM MERCADORIAS (VENDAS) 129

14 CONTABILIZAÇÃO DE OPERAÇÕES CONTÁBEIS DIVERSAS: DESPESAS E RECEITAS ANTECIPADAS, DUPLICATAS DESCONTADAS E PERDAS ESTIMADAS COM CRÉDITO DE LIQUIDAÇÃO DUVIDOSA 133

14.1. DESPESAS ANTECIPADAS 133

14.2. RECEITAS ANTECIPADAS 134

14.3. DUPLICATAS DESCONTADAS 135

14.4. PERDAS ESTIMADAS COM CRÉDITO DE LIQUIDAÇÃO DUVIDOSA 137

15 BALANCETE DE VERIFICAÇÃO 139

15.1. APURAÇÃO DO RESULTADO DO EXERCÍCIO (ARE) 142

16 BALANÇO PATRIMONIAL..145

16.1. ATIVO CIRCULANTE 146

16.2. ATIVO NÃO CIRCULANTE 150

16.3. PASSIVO CIRCULANTE..154

16.4. PASSIVO NÃO CIRCULANTE 155

16.5. PATRIMÔNIO LÍQUIDO 156

16.6. CONCEITO DE CURTO E LONGO PRAZO NA CONTABILIDADE 157

16.7. CICLO OPERACIONAL 158

16.8. EXERCÍCIO SOCIAL X ANO CIVIL 159

17 ESTOQUES – CPC 16 ....**161**

17.1. CUSTO DE ESTOQUES 162

17.2. VALOR REALIZÁVEL LÍQUIDO 164

17.3. AVALIAÇÃO E MENSURAÇÃO DOS ESTOQUES 165

17.4. DEMAIS GASTOS 165

17.5. MÉTODOS DE CUSTO 166

18 CRITÉRIOS DE AVALIAÇÃO DE ESTOQUES **167**

18.1. INVENTÁRIO PERIÓDICO 167

18.2. INVENTÁRIO PERMANENTE 168

19 DEPRECIAÇÃO **175**

19.1. DEPRECIAÇÃO FISCAL X SOCIETÁRIA 177

19.2. MÉTODOS DE DEPRECIAÇÃO 177

19.3. DEPRECIAÇÃO ACELERADA 181

20 PROVISÕES, PASSIVOS E ATIVOS CONTINGENTES – CPC 25 ... 183

20.1. PROVISÃO 184

20.2. MENSURAÇÃO 184

20.3. RECONHECIMENTO 186

20.4. PASSIVO CONTINGENTE 186

20.5. ATIVO CONTINGENTE 188

20.6. VALOR PRESENTE 188

20.7. MUDANÇA NA PROVISÃO 188

20.8. REESTRUTURAÇÃO 189

21 DEMONSTRAÇÃO DO RESULTADO DO EXERCÍCIO **191**

21.1. DRE – LEI 6.404/76 191

21.2. DRE – CPC 26 193

21.3. ANÁLISE DA ESTRUTURA DA DRE 197

22 ESTRUTURA CONCEITUAL – CPC 00 209

22.1. ESTRUTURA CONCEITUAL – CPC 00 210

22.2. FINALIDADES...210

22.3. OBJETIVO DO RELATÓRIO FINANCEIRO...................................211

22.4. OUTROS ASPECTOS DECORRENTES DA ESTRUTURA CONCEITUAL 211

22.5. CARACTERÍSTICAS QUALITATIVAS DE INFORMAÇÕES FINANCEIRAS ÚTEIS 212

22.6. CARACTERÍSTICAS FUNDAMENTAIS.......................................212

22.7. CARACTERÍSTICAS DE MELHORIA 212

22.8. RESTRIÇÕES DE CUSTO 213

22.9. ESSÊNCIA SOBRE A FORMA 213

22.10. DEMONSTRAÇÕES CONTÁBEIS 213

22.11. ENTIDADE QUE REPORTA 214

22.12. ELEMENTOS DAS DEMONSTRAÇÕES CONTÁBEIS................ 214

22.13. ATIVO..215

22.14. PASSIVO.. 216

22.15. PATRIMÔNIO LÍQUIDO 217

22.16. RECEITAS E DESPESAS...218

23 PRONUNCIAMENTOS CONTÁBEIS ESPECÍFICOS....................219

23.1. APRESENTAÇÃO DAS DEMONSTRAÇÕES CONTÁBEIS – CPC 26 219

23.2. ATIVO IMOBILIZADO – CPC 27 223

23.3. REDUÇÃO AO VALOR RECUPERÁVEL DE ATIVOS – CPC 01....226

23.4. ATIVOS INTANGÍVEIS – CPC 04...233

23.5. VALOR JUSTO – CPC 46 239

23.6. AJUSTE A VALOR PRESENTE – CPC 12 242

24 QUESTÕES COMENTADAS...247

INTRODUÇÃO

Olá pessoal!

Esta obra foi produzida com o objetivo de apresentar os principais temas de prova que envolvem contabilidade em concursos voltados para as carreiras policiais.

O diferencial deste livro é que trabalhamos em um formato mais objetivo com as palavras-chave e a essência de cada conteúdo. Dessa forma, pretendemos facilitar o entendimento do leitor candidato para que consiga garantir uma pontuação mais elevada no concurso desejado.

Dessa forma, dividimos o livro nos seguintes tópicos:

1. CONCEITO, OBJETO, CAMPO DE APLICAÇÃO, FINALIDADES, FUNÇÕES, TÉCNICAS E USUÁRIOS DA CONTABILIDADE
2. LEGISLAÇÃO BÁSICA
3. TIPOS DE SOCIEDADES E EMPRESAS
4. PATRIMÔNIO: COMPONENTES, EQUAÇÃO FUNDAMENTAL DO PATRIMÔNIO e SITUAÇÃO LÍQUIDA
5. ATOS E FATOS ADMINISTRATIVOS: CONCEITOS, FATOS PERMUTATIVOS, MODIFICATIVOS E MISTOS
6. CONTAS: CONCEITOS, TEORIA DAS CONTAS, CONTAS PATRIMONIAIS, DE RESULTADO, REDUTORAS, CONTAS ESTÁVEIS E INSTÁVEIS
7. PLANO DE CONTAS, FUNÇÃO E FUNCIONAMENTO DAS CONTAS E NATUREZA DAS CONTAS
8. ESCRITURAÇÃO: CONCEITOS, LANÇAMENTOS CONTÁBEIS, ELEMENTOS ESSENCIAIS, FÓRMULAS DE LANÇAMENTOS, ERROS EM LANÇAMENTOS CONTÁBEIS, LIVROS CONTÁBEIS E REGIMES CONTÁBEIS

9. CONTABILIZAÇÃO DE OPERAÇÕES CONTÁBEIS DIVERSAS: JUROS, DESCONTOS, ALUGUÉIS E VARIAÇÃO MONETÁRIA/CAMBIAL
10. CONTABILIZAÇÃO DE OPERAÇÕES CONTÁBEIS DIVERSAS: FOLHA DE PAGAMENTO
11. CONTABILIZAÇÃO DE OPERAÇÕES CONTÁBEIS DIVERSAS: DEPRECIAÇÃO, AMORTIZAÇÃO, EXAUSTÃO E BAIXA DE BENS
12. CONTABILIZAÇÃO DE OPERAÇÕES CONTÁBEIS DIVERSAS: OPERAÇÕES COM MERCADORIAS (COMPRAS)
13. CONTABILIZAÇÃO DE OPERAÇÕES CONTÁBEIS DIVERSAS: OPERAÇÕES COM MERCADORIAS (VENDAS)
14. CONTABILIZAÇÃO DE OPERAÇÕES CONTÁBEIS DIVERSAS: DESPESAS E RECEITAS ANTECIPADAS, DUPLICATAS DECONTADAS E PERDAS ESTIMADAS COM CRÉDITO DE LIQUIDAÇÃO DUVIDOSA
15. BALANCETE DE VERIFICAÇÃO
16. BALANÇO PATRIMONIAL
17. ESTOQUES – CPC 16
18. CRITÉRIOS DE AVALIAÇÃO DE ESTOQUES
19. DEPRECIAÇÃO
20. PROVISÕES, PASSIVOS E ATIVOS CONTINGENTES – CPC 25
21. DEMONSTRAÇÃO DO RESULTADO DO EXERCÍCIO
22. ESTRUTURA CONCEITUAL – CPC 00
23. PRONUNCIAMENTOS CONTÁBEIS ESPECÍFICOS
24. QUESTÕES COMENTADAS

1

CONCEITO, OBJETO, CAMPO DE APLICAÇÃO, FINALIDADES, FUNÇÕES, TÉCNICAS E USUÁRIOS DA CONTABILIDADE

Os conceitos introdutórios de contabilidade são temas de diversas questões de prova.

Nesse contexto, abordaremos os seguintes tópicos nesse capítulo:

- Conceito da contabilidade
- Objeto de estudo da contabilidade
- Finalidades da contabilidade
- Funções da contabilidade
- Técnicas contábeis
- Usuários da informação contábil

1.1. CONCEITO

Embora existam várias definições para a Contabilidade, as bancas costumam pedir aquela que foi definida no 1º Congresso Brasileiro de Contabilidade em 1924.

Nesse contexto, temos a seguinte definição:

"Contabilidade é a ciência que estuda e pratica as funções de orientação, de controle e de registro dos atos e fatos de uma administração econômica".

LEMBRE-SE: O – C – R

Além disso, a contabilidade possui algumas características:

- É uma ciência social (Não é ciência exata);
- Destina-se a estudar os fenômenos econômicos que afetam o patrimônio das entidades;
- Fornece informações sobre a situação financeira e patrimonial;
- Destina-se a prover seus usuários com demonstrações e análises para orientar na tomada de decisão.

1.2. OBJETO

O objeto de estudo da contabilidade é o **PATRIMÔNIO.**

O patrimônio é o **conjunto indivisível** de bens, direitos e obrigações de uma determinada entidade.

VEREMOS AS CARACTERÍSTICAS DO PATRIMÔNIO COM MAIS DETALHES EM AULA ESPECÍFICA!

1.3. CAMPO DE APLICAÇÃO

O campo de aplicação da contabilidade são as **entidades econômico-administrativas.**

Ou seja, toda entidade que possua patrimônio, possa ser avaliado monetariamente e tenha gestão)

Nesse contexto, são exemplos de entidades:

- **Entidades privadas:** Sociedade Simples, Limitada, anônima etc.

- **Entidades públicas:** Administração Direta e Indireta (Fundações, Autarquias, Empresas Públicas e Sociedades de Economia Mista).

- **Entidades sem fins lucrativos:** Associações, Organizações não Governamentais, Condomínios, Igrejas, Clubes etc.

- **Pessoas físicas** em geral.

> **IMPORTANTE**
>
> Algumas bancas costumam trabalhar com o termo **"azienda",** o qual é definido como patrimônio em movimento, **sob ação administrativa de uma pessoa física ou jurídica (PATRIMÔNIO + GESTÃO).**
>
> Logo, se a questão vier informando que o campo de atuação da contabilidade é o **das aziendas** está correto.

1.4. FINALIDADES

Dentre as finalidades da contabilidade, podemos listar:

- Controlar o patrimônio administrado

- Fornecer informações sobre a composição e as variações patrimoniais

- Fornecer informações sobre o resultado das atividades econômicas desenvolvidas pela entidade para alcançar seus fins.

- Fornecer informações úteis para a tomada de decisão

1.5. FUNÇÕES

Embora possua diversas finalidades (conforme descritas acima), a contabilidade possui **APENAS DUAS GRANDES FUNÇÕES:**

- **Administrativa:** Controle do Patrimônio

- **Econômica:** Apuração do Resultado

1.6. TÉCNICAS CONTÁBEIS

Para atingir seus objetivos, a contabilidade conta com um conjunto de métodos organizados de forma sistemática chamado de **técnicas contábeis,** as quais são divididas em 04 (quatro):

- Escrituração
- Elaboração das Demonstrações Contábeis
- Análise das Demonstrações Contábeis
- Auditoria

DICA: E – E – A - A

ESCRITURAÇÃO

A escrituração é uma técnica por meio da qual se efetuam os registros das ocorrências que afetam o patrimônio de uma entidade, considerando a ordem cronológica dos acontecimentos.

Os registros são realizados em livros próprios.

A escrituração deve se basear em documentos verídicos ou com elementos que comprovem ou evidenciem fatos contábeis.

Utiliza o Método das Partidas Dobradas.

Exemplo: venda de mercadorias, compra de matérias-primas, pagamento de salários etc.

ELABORAÇÃO DAS DEMONSTRAÇÕES CONTÁBEIS

A elaboração das demonstrações contábeis é uma técnica pela qual torna possível evidenciar os fatos contábeis escriturados.

São organizados através de demonstrações (estão entre as mais conhecidas o Balanço Patrimonial e a Demonstração do Resultado do Exercício).

Devem ser divulgadas pelo menos uma vez ao ano.

Apresenta aos sócios/investidores a situação patrimonial, financeira e econômica da entidade.

ANÁLISE DAS DEMONSTRAÇÕES CONTÁBEIS

A análise das demonstrações contábeis é uma técnica que possui o objetivo de extrair informações contidas nas Demonstrações Contábeis a fim de subsidiar o processo de tomada de decisões.

Compara resultados ao longo de diversos períodos.

Tem como metodologia a utilização de diversos indicadores.

AUDITORIA

A auditoria é uma técnica que verifica se os registros realizados pela entidade foram efetuados de acordo com as normas vigentes e os princípios contábeis.

Tem como objetivo aumentar o grau de confiança nas demonstrações contábeis.

São elaborados pareceres técnicos de conformidade.

Pode ser interna ou externa.

RESUMO

Escrituração	• Registro dos fatos contábeis
Elaboração	• Apresentação dos fatos ocorridos em determinado período
Análise	• Interpretação dos fatos ocorridos em determinado período
Auditoria	• Aumentar o grau de confiança das demonstrações contábeis

1.7. USUÁRIOS DA INFORMAÇÃO CONTÁBIL

Conforme falamos anteriormente, a contabilidade é uma **ciência social.**

Mas por quê? Pois as informações geradas impactam diversos setores da sociedade.

Nesse sentido, a informação contábil é útil a **diversos tipos de usuários**, os quais utilizam a contabilidade para tomada de decisão.

Os usuários da informação contábil são divididos em:

- **Internos:** Administradores e funcionários

- **Externos:** Investidores, fornecedores, bancos, governo, clientes, sindicatos, dentre outros.

ADMINISTRADORES

Utilizam as informações contábeis para tomar decisões que estão intrinsecamente ligadas ao negócio.

São tomadas decisões de compras, de precificações, de obtenção de recursos, de como as dívidas serão pagas, de produção, dentre outros.

Muitos administradores, inclusive, são remunerados através dos lucros apresentados pela entidade.

FUNCIONÁRIOS

Os funcionários estão interessados em informações sobre a estabilidade e a lucratividade de seus empregadores.

Também se interessam por informações que lhes permitam avaliar a capacidade que tem a entidade de prover sua remuneração, seus benefícios de aposentadoria e suas oportunidades de emprego.

INVESTIDORES

Utilizam as informações contábeis para identificar a situação econômico-financeira da empresa, bem como a capacidade da empresa de gerar lucros.

Dessa forma, possuem elementos necessários para decidir sobre a continuidade dos investimentos.

FORNECEDORES

Utilizam as informações contábeis para analisar a capacidade de pagamento da empresa que adquiriu seus produtos/mercadorias.

Caso a empresa não apresente uma boa situação financeira, a probabilidade do fornecedor continuar vendendo a prazo será menor.

Ou se assim o fizer, fará em condições menos vantajosas.

BANCOS

Utilizam as informações contábeis para aprovar a concessão de créditos.

Estes estão interessados em informações que lhes permitam determinar a capacidade da entidade em pagar seus empréstimos e os correspondentes juros no vencimento.

GOVERNO

Utiliza as informações contábeis para arrecadação de impostos e para fins estatísticos.

Necessitam também de informações a fim de regulamentar as atividades das entidades, bem como estabelecer políticas fiscais.

CLIENTES

Os clientes têm interesse em informações sobre a continuidade operacional da entidade, especialmente quando têm um relacionamento a longo-prazo com ela, ou dela dependem como fornecedor importante.

SINDICATOS

Utilizam as informações contábeis para avaliar a capacidade econômica da empresa e propor reajuste de salários.

2

LEGISLAÇÃO BÁSICA

A contabilidade é regida por legislação específica, normas e princípios de modo que haja precisão, segurança, ética e transparência nas informações contábeis.

As principais normas e leis que norteiam a contabilidade são:

- Decreto-Lei nº 9.295/46 (Define as atribuições da profissão contábil)
- Lei nº 6.404/76 (Dispõe sobre as Sociedades por Ações – Lei das S/A)
- Leis nº 11.638/07 e 11.941/09 (Alteram e revogam dispositivos da Lei nº 6.404/76)
- Lei nº 12.973/14 (Altera a legislação tributária federal)
- Pronunciamentos Técnicos (CPC´s)
- Normas Brasileiras de Contabilidade (NBC´s)

2.1. DECRETO-LEI Nº 9.295/46

O referido decreto tem como principais pontos:

- São criados o Conselho Federal de Contabilidade (CFC) e os Conselhos Regionais de Contabilidade (CRC´s)
- Os profissionais somente poderão exercer a profissão após regular conclusão do curso de bacharelado em Ciências Contábeis e aprovação em Exame de Suficiência e os técnicos em contabilidade já registrados ou concluintes até 01/06/2015 têm assegurado o seu direito ao exercício da profissão

- Pagamentos das anuidades
- Atribuições profissionais (organização e execução de serviços de contabilidade, escrituração, elaboração de demonstrações e perícias)
- Penalidades

2.2. LEI Nº 6.404/76

Foi criada dada à necessidade de aprimorar a qualidade das informações contábeis e da sua ampla difusão, de modo a facilitar o conhecimento e a análise da situação financeira da empresa e de seu desempenho econômico.

Pontos que valem ser destacados na referida legislação:

De acordo como o artigo 4º, a companhia é aberta ou fechada conforme os valores mobiliários de sua emissão estejam ou não admitidos à negociação no mercado de valores mobiliários.

De acordo como o artigo 175, o exercício social terá duração de 1 (um) ano e a data do término será fixada no estatuto.

> (*) **Na constituição da companhia e nos casos de alteração estatutária o exercício social poderá ter duração diversa.**

> (*) **Normalmente as empresas coincidem o exercício social com o ano civil (lei nº 810/49)**

De acordo como o artigo 176, ao fim de cada exercício social, a diretoria fará elaborar, com base na escrituração mercantil da companhia, as seguintes demonstrações financeiras, que deverão exprimir com clareza a situação do patrimônio da companhia e as mutações ocorridas no exercício:

I - balanço patrimonial;

II - demonstração dos lucros ou prejuízos acumulados;

III - demonstração do resultado do exercício; e

IV - demonstração dos fluxos de caixa (Incluída pela Lei nº 11.638/07);

V - se companhia aberta, demonstração do valor adicionado. (Incluída pela Lei nº 11.638/07).

(*) **A companhia fechada com patrimônio líquido, na data do balanço, inferior a R$ 2.000.000,00 (dois milhões de reais) não será obrigada à elaboração e publicação da demonstração dos fluxos de caixa.**

De acordo como o artigo 177, a escrituração da companhia será mantida em registros permanentes, com obediência aos preceitos da legislação comercial e desta Lei e aos princípios de contabilidade geralmente aceitos, devendo observar métodos ou critérios contábeis uniformes no tempo e registrar as mutações patrimoniais segundo o **regime de competência.**

2.3. LEIS Nº 11.638/07 E 11.941/09

As referidas leis alteraram e revogaram diversos dispositivos da Lei nº 6.404/76 com o objetivo de adequar às normas brasileiras as melhores práticas internacionais, visando atender à necessidade de maior transparência e qualidade das informações contábeis, levando-se em conta a realidade econômica do Brasil e do mundo, com suas economias globalizadas e mercados abertos aos fluxos de capitais estrangeiros.

No Brasil, a convergência para as normas internacionais de contabilidade teve como marco legal a promulgação das referidas legislações que determinaram, de forma explícita, a adoção dos **padrões internacionais de contabilidade no arcabouço normativo brasileiro.**

Entre as principais alterações promovidas pelas referidas legislações que trouxeram impacto nos procedimentos e práticas contábeis, podemos citar:

- Classificação do Ativo e do Passivo em "Circulante" e "Não Circulante"

- Extinção do grupo Ativo Permanente

- Criação do subgrupo "Intangível" no Balanço Patrimonial

- Proibição da prática da reavaliação espontânea de ativos

- Aplicação, ao final de cada exercício social, do teste de recuperabilidade dos ativos (teste de *impairment*)

- Registro, em contas de ativo e passivo, dos contratos de arrendamento

- Criação, no Patrimônio Líquido, da conta de "Ajustes de Avaliação Patrimonial"

- Destinação do saldo de Lucros Acumulados

- Substituição da Demonstração das Origens e Aplicações de Recursos (DOAR) pela Demonstração dos Fluxos de Caixa (DFC) no conjunto das Demonstrações Contábeis obrigatórias

- Obrigatoriedade da elaboração da Demonstração do Valor Adicionado (DVA) pelas Companhias Abertas

- Implantação da apuração do Ajuste a Valor Presente de elementos do ativo e do passivo, dentre outras.

2.4. LEI Nº 12.973/14

Trouxe alterações na legislação tributária, dentre as quais:
- Fim do Regime Tributário de Transição (RTT)

- Indedutibilidade das despesas de *impairment*, salvo na venda

- Depreciação econômica excedente ao da fiscal deve ser adicionada para cômputo do lucro real

- Parcela dedutível dos contratos de arrendamento

2.5. PRONUNCIAMENTOS TÉCNICOS (CPC´S)

Os pronunciamentos técnicos, também chamados de CPC´s, possuem as seguintes características:
- Pronunciamentos técnicos sobre procedimentos específicos de Contabilidade

- Visam a convergência da contabilidade brasileira aos padrões internacionais

- Permitem a emissão de normas pela entidade reguladora brasileira

- Proporcionam redução de custo de capital, diminuição dos riscos do negócio e auxiliam na tomada de decisão

IMPORTANTE

Na prática, os CPC's são traduções das normas internacionais de contabilidade (IAS e IFRS)

Cada pronunciamento contábil equivale a uma norma internacional de contabilidade.

Por exemplo, o CPC 01 (Redução ao valor recuperável de ativos) equivale a IAS 36.

Atualmente, temos cerca de 50 pronunciamentos contábeis.

Ver com mais detalhes em:

http://www.cpc.org.br/CPC/Documentos-Emitidos/Pronunciamentos

2.6. NORMAS BRASILEIRAS DE CONTABILIDADE (NBC´S)

Constituem-se em um conjunto de regras e procedimentos de conduta que devem ser observados como requisitos para o exercício da profissão contábil, bem como os conceitos doutrinários, princípios, estrutura técnica e procedimentos a serem aplicados na realização dos trabalhos previstos **nas normas aprovadas por resolução emitidas pelo CFC.**

As Normas Brasileiras de Contabilidade editadas **pelo Conselho Federal de Contabilidade (CFC)** devem seguir os mesmos padrões de elaboração e estilo utilizados nas normas internacionais e compreendem as Normas propriamente ditas, as Interpretações Técnicas e os Comunicados Técnicos.

IMPORTANTE: As NBC´s têm força de lei!!!

3

TIPOS DE SOCIEDADES E EMPRESAS

Vimos anteriormente que a contabilidade é devida quando existe **uma entidade e um patrimônio sob gestão.**

Embora a contabilidade seja aplicada a diversos tipos de entidades (empresas, empresários individuais, associações, fundações, órgãos governamentais, entre outros), nas provas o foco maior são questões relacionadas **às sociedades empresariais.**

A sociedade empresarial é **um grupo de pessoas** com um objetivo em comum de exercer uma **atividade econômica** de forma profissional e organizada para produzir, comercializar ou oferecer bens e serviços de forma a obter lucro.

Após a criação da sociedade empresária, dá-se origem a pessoa jurídica, **a qual deverá ser distinta da pessoa dos sócios.**

Dessa forma:

Sócio A (PF) + Sócio B (PF) + Sócio C (PF) = Sociedade (PJ)

Ou seja, dentro dessa sociedade, cada sócio é responsável por alguma importância dentro da empresa, seja por sua habilidade no setor ou a simples necessidade de ter um responsável para determinado fim.

Para a sua constituição, é necessária a existência do capital social!!!

Capital social é o valor que os sócios entregam para a sociedade, para que a entidade possa ter início ou para ingressarem posteriormente no quadro societário.

As cotas de capital entre os sócios não são necessariamente divididas igualitariamente.

Nesse caso, os sócios que possuem o maior número de cotas de capital são considerados como sócio proprietários ou classificado com termos semelhantes.

Logo, existem diferentes proporções em termos de responsabilidades e lucros da empresa, e **tudo isso deve ser especificado a partir de um documento oficial conhecido como contrato social.**

Dessa forma, vamos abordar aqui os tipos de sociedades mais comuns no Brasil:

- Sociedade Simples
- Sociedade Limitada
- Sociedade Anônima

3.1. SOCIEDADE SIMPLES

Está ligado apenas a atividades que correspondam normalmente **a prestação de serviços intelectuais.**

Os profissionais que se reúnem para constituir a sociedade simples vão prestar serviços relativos a suas profissões, **por exemplo, advogados, médicos, artistas, contadores, entre outros.**

De uma maneira generalizada, esse tipo de sociedade necessita de um registro de classe para ser formado.

As normas desse tipo são definidas pelo Novo Código Civil, quando versa de forma específica sobre o funcionamento das companhias que adotam esse tipo de modelo. Para formalizar esse tipo de sociedade não é necessário o registro na Junta Comercial, mas é **essencial que ocorra o registro no Cartório e Registro Civil de Pessoas Jurídicas.**

3.2. SOCIEDADE LIMITADA

O nome "limitada" vem das próprias características desse tipo de empresa: nela, os sócios **têm a participação determinada pelo quanto contribuíram/investiram no negócio (o capital social).**

As cotas, ou partes, que cada um tem da empresa **são determinadas pelo valor investido pelos sócios.**

Em caso de falência, o patrimônio pessoal de cada sócio fica "protegido" porque a sua **responsabilidade é limitada ao capital social.** Os bens da empresa (pessoa jurídica) não podem ser confundidos com os dos sócios, e vice-versa.

A sociedade limitada **precisa ser registrada na Junta Comercial** e sua razão social deve incluir a sigla LTDA.

3.3. SOCIEDADE ANÔNIMA

É um tipo de sociedade empresarial **dividida por ações,** diferentemente da Sociedade Limitada, que é dividida por quotas.

Ela é regulamentada pela Lei 6.404/76 (também conhecida como Lei das Sociedades Anônimas).

Existem dois formatos de sociedades anônimas: **as abertas**, em que as ações estarão disponibilizadas e negociadas na bolsa de valores e **as fechadas**, que não permitem a prática buscando investidores de forma privada.

No caso das sociedades abertas de S/A, por ser voltado para a transação de ações no mercado financeiro, existe regulamentação pela Comissão de Valores Mobiliários e o capital da empresa não está atribuído a alguma pessoa específica.

Além das sociedades empresariais listadas, existem os seguintes tipos de empresas no Brasil:

- Empresário Individual (EI)
- Empresa Individual de Responsabilidade Limitada (EIRELI)
- Sociedade Unipessoal Limitada

3.4. EMPRESÁRIO INDIVIDUAL

Nessa modalidade de Empresa, temos apenas um gestor, onde **não há a separação do patrimônio desse gestor e o patrimônio da Empresa.**

A responsabilidade desse gestor é ilimitada, tendo em vista que não se trata de uma sociedade.

Podendo exercer atividade de comércio e serviços, exceto serviços de atividades intelectuais, de natureza científica como advogado, médico, dentista, psicólogo, engenheiro etc.

O nome da Empresa deverá ser o nome civil do gestor, facultando a utilização de abreviações, exceto o último sobrenome somado ao tipo de atividade que irá exercer.

Exemplo: J. R. Carvalho Comércio de Produtos de Papelaria

3.5. EMPRESÁRIO INDIVIDUAL DE RESPONSABILIDADE LIMITADA

Nessa modalidade a constituição da Empresa **é composta apenas por uma pessoa**, você pode achar que é semelhante ao Empresário Individual que estudamos acima, mas não é, pois nesse caso a responsabilidade é limitada quanto às dívidas da empresa.

Isso significa que o **patrimônio do proprietário não se confunde com o da Empresa**, portanto seus bens pessoais não serão utilizados para fim de pagamentos de dívidas contraídas pela empresa.

Uma informação relevante nessa **modalidade é em relação ao seu Capital Social que deve ser 100 vezes o valor do salário-mínimo brasileiro**, as normas aplicadas para a empresa de Sociedade Limitada também são aplicadas para este tipo de empresa.

3.6. SOCIEDADE UNIPESSOAL LIMITADA

A Sociedade Unipessoal Limitada tem características muito parecidas com as da EIRELI, mas difere em alguns aspectos.

Uma das diferenças mais relevantes é sobre a obrigatoriedade da integralização de capital social no momento da constituição.

Na EIRELI, é preciso abrir com um mínimo de 100 salários-mínimos, o que não é necessário para abrir a Sociedade Unipessoal Limitada.

Uma curiosidade é que, apesar de ter "sociedade" no nome, a Unipessoal pode ser constituída somente por uma pessoa e mantém a característica de "limitada", que é justamente o fato que protege o patrimônio particular do sócio.

Por fim, no Brasil, o porte das empresas é analisado pelo seu faturamento ou pelo número de colaboradores.

São divididos em:

- Microempreendedor Individual (MEI)
- Microempresa (ME)
- Empresa de pequeno porte (EPP)
- Empresa de médio e grande porte

3.7. MICROEMPREENDEDOR INDIVIDUAL (MEI)

Para ser enquadrada como MEI, a atividade precisa se encaixar dentro das normas estabelecidas e a receita bruta anual máxima **deverá ser de R$ 81.000,00.**

É possível contratar no máximo 01 (um) colaborador que receba exclusivamente o valor do piso da categoria.

O empresário individual não pode fazer parte de quadro societário de outra empresa, nem ser empresário individual.

A empresa deve ser optante pelo regime de tributação **Simples Nacional enviando a DASN SIMEI (Declaração Anual do Simples Nacional – Microempreendedor Individual).**

3.8. MICROEMPRESA (ME)

Em relação às Microempresas, são classificadas dessa forma quando o seu faturamento bruto **não ultrapassar R$ 360.000,00 (trezentos e sessenta mil reais).**

Segundo o que estabelece a lei complementar 123/2016 (**Lei Geral das Micro e Pequenas Empresas**), a Microempresa pode ser optante pelo Simples Nacional, que é um regime de pagamento simplificado de impostos.

3.9. EMPRESA DE PEQUENO PORTE (EPP)

Para ser uma Empresa de Pequeno Porte é necessário que ela fature anualmente **entre R$ 360.000,00 até R$ 4.800.000,00 (quatro milhões e oitocentos mil reais),** podendo também optar pelo Simples Nacional.

3.10. EMPRESA DE MÉDIO E GRANDE PORTE

As Empresas de médio a grande porte são aquelas que diferem das empresas que abordamos anteriormente (MEI/ME/EPP).

Ou seja, são aquelas que não possuem um limite de faturamento ou possuem **receita bruta anual acima de R$ 4,8 milhões (quatro milhões e oitocentos mil reais).**

4

PATRIMÔNIO: COMPONENTES, EQUAÇÃO FUNDAMENTAL DO PATRIMÔNIO E SITUAÇÃO LÍQUIDA

Patrimônio é o conjunto indivisível de bens, direitos e obrigações vinculado a uma entidade.

Abrange tudo aquilo que a pessoa tem (bens e direitos) e tudo aquilo que a pessoa deve (obrigações).

Do ponto de vista contábil, são considerados apenas os bens, direitos e obrigações que podem ser avaliados em moeda.

Os **bens e direitos** constituem a parte positiva do Patrimônio, **chamada Ativo.**

As **obrigações** representam a parte negativa do Patrimônio, **chamada Passivo.**

4.1. BENS

São todos os objetos de propriedade da empresa avaliados monetariamente e que produzam benefícios econômicos.

Podem ter as seguintes características:

Bens móveis (dinheiro, veículos, móveis, utensílios, máquinas, estoques, semoventes etc.)

Bens imóveis (edifícios, terrenos, construções etc.)

Bens materiais ou tangíveis (mercadorias, veículos, imóveis, instalações, terrenos etc.)

Bens imateriais ou intangíveis (softwares, marcas e patentes, desenvolvimento de produtos etc.)

Além disso, podem ser classificados como:

Bens Numerários: Caixa, Bancos etc.

Bens de Venda: Estoque de mercadorias, de produtos acabados etc.

Bens de Uso: Imóveis, Veículos etc.

Bens de Renda: Imóveis para alugar, terrenos não utilizados pela empresa etc.

4.2. DIREITOS

Recursos que a entidade tem a **receber, a utilizar ou a recuperar** em negócios jurídicos celebrados com terceiros que produzam benefícios econômicos.

Pode ser, por exemplo, o valor que uma empresa receberá decorrente de uma venda a prazo. O comprador já levou a mercadoria, porém ainda não pagou, então a empresa tem o direito de receber o valor correspondente. Ou até mesmo o direito de uso de um ativo arrendado.

Exemplos: contas a receber, **duplicatas a receber (clientes),** títulos a receber, empréstimos concedidos, adiantamento de salários, direito de uso de ativos arrendados, seguros a vencer, impostos a recuperar etc.

4.3. OBRIGAÇÕES

Geralmente são **recursos** que a empresa deve a terceiros (mercadorias, valores, serviços etc.)

Quando se compra um bem a prazo, ele integra-se ao patrimônio a partir do momento que o fornecedor o entrega. Como foi uma venda a prazo, a empresa passa a ter uma obrigação com o fornecedor, representada por **"uma conta a pagar"** equivalente ao preço do bem. Assim como aumenta de um lado o Ativo (bem) da empresa, de outro lado aumenta o Passivo (obrigação) da empresa.

Exemplos: Empréstimos e financiamentos a pagar, salários a pagar, **duplicatas a pagar (fornecedores),** títulos a pagar, impostos a recolher, adiantamento de clientes etc.

> **IMPORTANTE!**
>
> As obrigações com terceiros são chamadas de **passivos exigíveis ou capital de terceiros.**

4.4. EQUAÇÃO FUNDAMENTAL

A equação fundamental do patrimônio é representada pela seguinte expressão:

> (BENS + DIREITOS) − OBRIGAÇÕES = PATRIMÔNIO LÍQUIDO
> ⇩ ⇩ ⇩
> (ATIVO) (PASSIVO EXIGÍVEL) (PASSIVO NÃO EXIGÍVEL)

4.5. PATRIMÔNIO LÍQUIDO

É o valor que efetivamente pertence aos sócios após deduzir os ativos de todos os passivos exigíveis.

O Patrimônio Líquido também é conhecido como **passivo não exigível ou capital próprio.**

> **IMPORTANTE:**
>
> O patrimônio líquido pode também ser conhecido como **situação líquida da entidade**

Ao considerarmos a equação fundamental da contabilidade, temos:

Patrimônio Líquido = Ativo - Passivo (Exigível)

Logo:

Se **Ativo > Passivo (Exigível)** = Situação Líquida **Positiva**

Se **Ativo < Passivo (Exigível)** = Situação Líquida **Negativa (Passivo a Descoberto)**

Se **Ativo = Passivo (Exigível)** = Situação Líquida Nula

Exemplo:

Total de Bens:	R$ 100.000,00
Total de Direitos:	R$ 50.000,00
Total de Obrigações:	R$ 90.000,00
Situação Líquida:	$100.000 + 50.000 - 90.000 = \mathbf{60.000}$ **(Positiva)**

Podemos dizer também que ao considerarmos a equação fundamental da contabilidade:

Patrimônio Líquido = Ativo - Passivo (Exigível)

Temos:

Ativo = Passivo (Exigível) + Patrimônio Líquido (Passivo não Exigível)

Ou seja:

A soma de todos os ativos da empresa deve ser igual a soma das obrigações (passivo exigível) e patrimônio líquido (passivo não exigível)

Exemplo:

Total de Bens:	R$ 100.000,00
Total de Direitos:	R$ 50.000,00
Total de Obrigações:	R$ 90.000,00
Situação Líquida:	$100.000 + 50.000 - 90.000 = \mathbf{60.000}$ **(Positiva)**
Obrigações:	R$ 90.000.00
Patrimônio Líquido:	R$ 60.000,00
Passivos totais:	**R$ 150.000,00**
Ativos Totais:	**R$ 150.000,00**

4.6. REPRESENTAÇÃO GRÁFICA

O gráfico do patrimônio é representado pelo Balanço Patrimonial, no qual do lado esquerdo encontram-se os valores ativos e do lado direito os valores passivos.

A palavra balanço decorre do equilíbrio: Ativo = Passivo + PL, ou da igualdade: **Aplicações = Origens.** Parte-se da ideia de uma balança, onde sempre encontramos a igualdade. Mas em vez de se denominar balança (como balança comercial) denomina-se balanço.

O termo patrimonial tem origem no patrimônio da empresa, ou seja, conjunto de bens, direitos e obrigações. Daí o termo patrimonial. O princípio básico da Contabilidade determina que os **valores finais das contas do ATIVO devem ser iguais as contas do PASSIVO.**

Segue abaixo exemplo de balanço patrimonial:

BALANÇO PATRIMONIAL	
Ativo	**Passivo**
Bens	Passivo Exigível
Disponível	Fornecedores
Estoque	Salários a pagar
Veículos	Empréstimos a pagar
Máquina	Impostos a recolher
Direitos	**Patrimônio Líquido**
Impostos a recuperar	Capital social
Clientes	Reservas de lucros
Empréstimos concedidos	(-) Prejuízos acumulados

4.7. ORIGENS X APLICAÇÕES

Todos os recursos que entram em uma empresa passam pelo passivo exigível e patrimônio líquido.

Os recursos (financeiros ou materiais) são originados dos proprietários (patrimônio líquido), fornecedores, governo, bancos, financeiras etc.

Através do passivo e do patrimônio líquido, portanto, identificam-se as **origens dos recursos.**

O ativo, por sua vez, evidencia todas as **aplicações de recursos**: aplicação no caixa, em estoque, em máquinas, em imóveis etc.

A empresa, na verdade, só pode aplicar (ativo) aquilo que tem origem (passivo e PL).

Evidentemente, havendo origem de R$ 200.000,00, a aplicação deve ser de R$ 200.000,00. Dessa forma, fica bastante simples entender por que o Ativo será sempre igual ao Passivo + PL.

Logo, temos o seguinte cenário:

BALANÇO PATRIMONIAL	
Ativo (Aplicações)	Passivo Exigível e Patrimônio Líquido (Origens)
Aplicações	Capital Terceiros + Capital Próprio

4.8. SITUAÇÃO LÍQUIDA

Sendo o patrimônio o conjunto de bens, direitos e obrigações com terceiros e capital próprio e substituindo os termos bens e direitos por ativo, obrigações com terceiros por passivo e capital próprio por patrimônio líquido, podemos afirmar que:

$$PL = A - P$$

PL = Patrimônio Líquido

A = Ativo

P = Passivo

A partir dessa equação fundamental, pode-se deduzir que em dado momento, o patrimônio assume, invariavelmente, um dos três estados a saber:

- Situação líquida positiva
- Situação líquida negativa
- Situação líquida nula

4.9. SITUAÇÃO LÍQUIDA POSITIVA

Quando o ativo é maior que o passivo exigível, teremos patrimônio líquido maior do que zero, revelando a existência de **riqueza patrimonial (A > P),** chamada de **situação líquida positiva.**

ATIVO		PASSIVO	
Caixa	30.000	**Passivo Exigível**	**13.000**
Estoques	20.000	Salários a pagar	5.000
Clientes	10.000	Fornecedores	8.000
		Patrimônio Líquido	**47.000**
		Capital Social	27.000
		Lucro do Período	20.000
Total	**60.000**	**Total**	**60.000**

4.10. SITUAÇÃO LÍQUIDA NEGATIVA

Quando o ativo é menor que o passivo exigível, teremos patrimônio líquido menor do que zero, revelando má situação financeira e existência de **"passivo a descoberto"** (A < P), chamada de **situação líquida negativa.**

ATIVO		PASSIVO	
Caixa	30.000	**Passivo Exigível**	**65.000**
Estoques	20.000	Salários a pagar	10.000
Clientes	10.000	Fornecedores	35.000
		Impostos a recolher	20.000
		Patrimônio Líquido	**(5.000)**
		Capital Social	27.000
		Prejuízo acumulado	(32.000)
Total	**60.000**	**Total**	**60.000**

4.11. SITUAÇÃO LÍQUIDA NULA

Quando o ativo é igual ao passivo exigível, teremos patrimônio líquido igual a zero, revelando **inexistência de riqueza própria (A = P)**, chamada de **situação líquida nula.**

ATIVO		PASSIVO	
Caixa	30.000	**Passivo Exigível**	**60.000**
Estoques	20.000	Salários a pagar	10.000
Clientes	10.000	Fornecedores	30.000
		Impostos a recolher	20.000
		Patrimônio Líquido	**0**
		Capital Social	27.000
		Prejuízo acumulado	(27.000)
Total	**60.000**	**Total**	**60.000**

CONCLUSÕES:

O patrimônio líquido **está diretamente** relacionado ao ativo.

O patrimônio líquido **está inversamente** relacionado ao passivo.

IMPORTANTE:

Nos casos de constituição da empresa, **os valores do ativo são iguais aos do Patrimônio Líquido por não existir passivos exigíveis neste momento.**

Para analisar:

Determinada cia. possui bens e direitos no valor total de R$ 1.750.000,00, em 31.12.X1.

Sabendo-se que o Passivo Exigível da companhia representa 2/5 (dois quintos) do valor do Patrimônio Líquido, qual o valor do PL?

Bens + Direitos = R$ 1.750.000,00

Logo:

Total de Ativos = R$ 1.750.000,00

Então:

Total de Passivos = R$ 1.750.000,00

Total de Passivos = Passivo Exigível + Patrimônio Líquido

R$ 1.750.000,00 = Passivo Exigível + Patrimônio Líquido

Passivo Exigível = 2/5 do PL ou 40% do PL (0,40)

R$ 1.750.000,00 = 0,40 PL + PL

1,40 PL = R$ 1.750.000,00

PL = R$ 1.750.000,00 / 1,40 = **R$ 1.250.000,00**

PE = 0,40 x R$ 1.250.000,00 = **R$ 500.000,00**

ATIVO		PASSIVO	
Bens		Passivo Exigível	500.000
+			
Direitos			
		Patrimônio Líquido	1.250.000
Total	**1.750.000**	**Total**	**1.750.000**

5

ATOS E FATOS ADMINISTRATIVOS: CONCEITOS, FATOS PERMUTATIVOS, MODIFICATIVOS E MISTOS

Outro assunto muito recorrente em provas envolvendo carreiras policiais são questões envolvendo atos e fatos administrativos/contábeis

Os **atos administrativos** ocorrem na empresa e podem provocar alterações futuras no patrimônio.

Exemplos: Admissão de empregados, assinaturas de contratos de compras ou vendas, fiança em favor de terceiros etc.

No entanto, por não provocarem alterações no patrimônio, não possuem a obrigatoriedade de serem registrados.

Já os **fatos administrativos** (também chamados de fatos contábeis) provocam variações nos valores patrimoniais, podendo ou não alterar o patrimônio líquido.

Por modificarem o patrimônio são objetos de contabilização

Exemplos: Compras e vendas de mercadorias, pagamentos e recebimentos etc.

IMPORTANTE

Nem todos os fatos contábeis são provenientes de fatos administrativos.

Por exemplo, perda de estoque mediante enchente ou incêndio ocasionará uma variação patrimonial (sendo reconhecida na contabilidade), mas não decorrente de uma ação administrativa.

Os fatos contábeis são divididos em:

- Fatos permutativos
- Fatos modificativos
- Fatos mistos ou compostos

5.1. FATOS PERMUTATIVOS

Acarretam uma troca (permuta) entre elementos do ativo, do passivo, ou de ambos, porém sem provocar alteração no Patrimônio Líquido, alterando apenas a **composição qualitativa** dos elementos pertencentes ao Patrimônio.

Pode ocorrer até mesmo troca entre elementos do patrimônio líquido.

5.2. FATOS MODIFICATIVOS

Alteram a composição do Patrimônio e **modificam** para **mais** (modificativos aumentativos) ou para **menos** (modificativos diminutivos) a situação líquida da empresa.

> **IMPORTANTE:**
> Para a BANCA CESPE, os fatos modificativos **devem conter obrigatoriamente contas de resultado.**

5.3. FATOS MISTOS OU COMPOSTOS

Envolvem **simultaneamente** um **fato permutativo** (qualitativo) e um **fato modificativo** (quantitativo), alterando o Patrimônio Líquido (PL), ou seja, a troca de elemento patrimonial com lucro ou prejuízo.

> **IMPORTANTE:**
> Na apuração do resultado da empresa, existem os seguintes cenários:
> Receitas > Despesas = **Lucro**

Receitas < Despesas = **Prejuízo**

Receitas = Despesas = Resultado Nulo

Receitas e despesas são **contas de resultado**, que afetam o Patrimônio Líquido para mais ou para menos (veremos com mais detalhes adiante)

O Lucro e/ou o prejuízo fazem parte do **Patrimônio Líquido.**

Seguem abaixo exemplos desses fatos contábeis:

I - Fato permutativo (Entre elementos de ativo)

Considere a seguinte situação inicial de um patrimônio:

ATIVO		PASSIVO	
Caixa	5.000	**Passivo Exigível**	**0**
		Patrimônio Líquido	**5.000**
		Capital Social	5.000
Total	**5.000**	**Total**	**5.000**

Em seguida houve a compra à vista de estoques de mercadorias no valor de R$ 500:

ATIVO		PASSIVO	
Caixa	4.500	**Passivo Exigível**	**0**
Estoques	500		
		Patrimônio Líquido	**5.000**
		Capital Social	5.000
Total	**5.000**	**Total**	**5.000**

Reparem que houve uma redução da conta caixa e simultaneamente um aumento na conta estoques.

Essa permuta entre contas de ativos não provocou alteração na situação líquida da empresa.

II - Fato permutativo (Entre elementos de passivo)

Considere a seguinte situação inicial de um patrimônio:

ATIVO		PASSIVO	
Caixa	10.000	**Passivo Exigível**	**5.000**
		Contas a pagar de curto prazo	3.000
		Contas a pagar de longo prazo	2.000
		Patrimônio Líquido	**5.000**
		Capital Social	5.000
Total	**10.000**	**Total**	**10.000**

Devido ao término do exercício social, as dívidas de longo prazo se tornaram vencíveis no curto prazo:

ATIVO		PASSIVO	
Caixa	10.000	**Passivo Exigível**	**5.000**
		Contas a pagar de curto prazo	5.000
		Patrimônio Líquido	**5.000**
		Capital Social	5.000
Total	**10.000**	**Total**	**10.000**

Reparem que houve uma redução das dívidas de longo prazo e simultaneamente um aumento nas dívidas de curto prazo.

Essa permuta entre contas de passivos não provocou alteração na situação líquida da empresa.

III - Fato permutativo (Entre elementos de ativo e passivo)

Considere a seguinte situação inicial de um patrimônio:

ATIVO		PASSIVO	
Caixa	4.500	**Passivo Exigível**	0
Estoques	500		
		Patrimônio Líquido	**5.000**
		Capital Social	5.000
Total	**5.000**	**Total**	**5.000**

Posteriormente, houve uma obtenção de empréstimo bancário no valor de R$ 2.000:

ATIVO		PASSIVO	
Caixa	4.500	**Passivo Exigível**	**2.000**
Bancos	2.000	Empréstimos a pagar	2.000
Estoques	500		
		Patrimônio Líquido	**5.000**
		Capital Social	5.000
Total	**7.000**	**Total**	**7.000**

Reparem que houve um aumento no ativo pelo ingresso de R$ 2.000,00 na conta bancos e simultaneamente um aumento no passivo de R$ 2.000,00 pelo ingresso na conta empréstimos a pagar.

Essa permuta entre contas de ativo e passivo não provocou alteração na situação líquida da empresa.

IV - Fato permutativo (Entre elementos do patrimônio líquido)

Considere a seguinte situação inicial de um patrimônio:

ATIVO		PASSIVO	
Caixa	4.500	**Passivo Exigível**	**0**
Estoques	500		
		Patrimônio Líquido	**5.000**
		Capital Social	3.000
		Reserva Legal	2.000
Total	**5.000**	**Total**	**5.000**

A entidade resolveu aumentar seu capital social com a sua reserva legal:

ATIVO		PASSIVO	
Caixa	4.500	**Passivo Exigível**	**0**
Estoques	500		
		Patrimônio Líquido	**5.000**
		Capital Social	5.000
Total	**5.000**	**Total**	**5.000**

Reparem que houve uma redução na reserva legal e simultaneamente um aumento no capital social.

Essa permuta entre contas do patrimônio líquido não provocou alteração na situação líquida da empresa.

I - Fato modificativo aumentativo (Aumento do ativo)

Considere a seguinte situação inicial de um patrimônio:

ATIVO		PASSIVO	
Caixa	3.000	**Passivo Exigível**	**0**
Imóveis	2.000		
		Patrimônio Líquido	**5.000**
		Capital Social	5.000
Total	**5.000**	**Total**	**5.000**

Registro da receita de aluguel de imóveis no valor de R$ 1.000 com recebimento à vista via depósito bancário. Considerando que esse valor foi o lucro da empresa:

ATIVO		PASSIVO	
Caixa	4.000	**Passivo Exigível**	**0**
Imóveis	2.000		
		Patrimônio Líquido	**6.000**
		Capital Social	5.000
		Lucro	1.000
Total	**6.000**	**Total**	**6.000**

Reparem que o aumento do ativo foi proveniente da receita de aluguel que por consequência aumentou o PL da empresa.

II - Fato modificativo aumentativo (Redução de passivo)

Considere a seguinte situação inicial de um patrimônio:

ATIVO		PASSIVO	
Bancos	10.000	**Passivo Exigível**	**2.000**
		ICMS a pagar	2.000
		Patrimônio Líquido	**8.000**
		Capital Social	8.000
Total	**10.000**	**Total**	**10.000**

O Governo do Estado do Rio de Janeiro publicou lei que concede remissão do ICMS ("dispensa para pagamento da obrigação").

ATIVO		PASSIVO	
Bancos	10.000	**Passivo Exigível**	**0**
		Patrimônio Líquido	**10.000**
		Capital Social	8.000
		Lucro	2.000
Total	**10.000**	**Total**	**10.000**

Reparem que a receita gerada foi devido ao perdão da dívida o qual gerou um lucro e por consequência aumentou o PL da empresa.

I - **Fato modificativo diminutivo** (Aumento de passivo)

Considere a seguinte situação inicial de um patrimônio:

ATIVO		PASSIVO	
Caixa	3.000	**Passivo Exigível**	**0**
Imóveis	2.000		
		Patrimônio Líquido	**5.000**
		Capital Social	5.000
Total	**5.000**	**Total**	**5.000**

Registro de uma despesa relativa à energia elétrica que será paga no mês que vem no valor de R$ 500. Considerando que esse valor foi o prejuízo da empresa:

ATIVO		PASSIVO	
Caixa	3.000	**Passivo Exigível**	**500**
		Energia elétrica a pagar	500
Imóveis	2.000		
		Patrimônio Líquido	**4.500**
		Capital Social	5.000
		(-) Prejuízo	(500)
Total	**5.000**	**Total**	**5.000**

Reparem que o reconhecimento da despesa aumentou o passivo e gerou um prejuízo e por consequência diminuiu o PL da empresa.

II - **Fato modificativo diminutivo** (Redução de ativo)

Considere a seguinte situação inicial de um patrimônio:

ATIVO		PASSIVO	
Bancos	5.000	**Passivo Exigível**	**0**
		Patrimônio Líquido	**5.000**
		Capital Social	5.000
Total	**5.000**	**Total**	**5.000**

Registro de uma despesa com salários no valor de R$ 1.000 sendo paga no próprio mês. Considerando que esse valor foi o prejuízo da empresa:

ATIVO		PASSIVO	
Bancos	4.000	**Passivo Exigível**	**0**
		Patrimônio Líquido	**4.000**
		Capital Social	5.000
		(-) Prejuízo	(1.000)
Total	**4.000**	**Total**	**4.000**

Reparem que o reconhecimento da despesa reduziu o ativo e gerou um prejuízo e por consequência diminuiu o PL da empresa.

I - Fato misto aumentativo

Considere a seguinte situação inicial de um patrimônio:

ATIVO		PASSIVO	
Bancos	4.000	Passivo Exigível	0
Estoques	1.000		
		Patrimônio Líquido	5.000
		Capital Social	5.000
Total	5.000	Total	5.000

Em seguida ocorreu a venda de todos os estoques (que custaram R$ 1.000,00) por R$ 3.000 com recebimento à vista através de cheque. Considerando que o lucro da empresa foi apurado deduzindo os R$ 3.000 pelo valor pago para adquirir as mercadorias (**lucro de R$ 2.000,00**):

ATIVO		PASSIVO	
Caixa	7.000	Passivo Exigível	0
			0
		Patrimônio Líquido	7.000
		Capital Social	5.000
		Lucro	2.000
Total	7.000	Total	7.000

Reparem que houve um fato permutativo (pela baixa dos estoques) e ao mesmo tempo um fato modificativo aumentativo (devido ao lucro da operação)

II - Fato misto diminutivo

Considere a seguinte situação inicial de um patrimônio:

ATIVO		PASSIVO	
Bancos	4.000	**Passivo Exigível**	**0**
Clientes	8.000		
		Patrimônio Líquido	**12.000**
		Capital Social	12.000
Total	**12.000**	**Total**	**12.000**

Em seguida, a empresa concedeu um desconto de R$ 300 pelo pagamento antecipado do cliente. Nesse caso, a empresa recebeu o valor de R$ 7.700 e precisará baixar o valor de R$ 8.000 (a dívida foi paga pelo cliente). A diferença (desconto) é uma despesa financeira que reduzirá o PL. Considere que esse valor (R$ 300) será o prejuízo da empresa.

ATIVO		PASSIVO	
Caixa	11.700	**Passivo Exigível**	**0**
			0
		Patrimônio Líquido	**11.700**
		Capital Social	12.000
		Prejuízo	(300)
Total	**11.700**	**Total**	**11.700**

Reparem que houve um fato permutativo (pela baixa da conta clientes) e ao mesmo tempo um fato modificativo diminutivo (devido ao prejuízo da operação)

CONCLUSÕES:

Os fatos **permutativos alteram qualitativamente** o patrimônio da entidade.

Os fatos **modificativos alteram quantitativamente** o patrimônio da entidade.

Os fatos **mistos alteram qualitativamente e quantitativamente** o patrimônio da entidade.

6

CONTAS: CONCEITOS, TEORIA DAS CONTAS, CONTAS PATRIMONIAIS, DE RESULTADO, REDUTORAS, CONTAS ESTÁVEIS E INSTÁVEIS

Assunto importante na contabilidade, pois todos os lançamentos contábeis envolvem contas.

Dessa forma, fundamental entender seus conceitos, suas características e seus tipos.

Conta é o nome técnico que identifica cada elemento **que compõe o patrimônio e suas alterações.**

Todos os acontecimentos que ocorrem durante a gestão patrimonial de uma entidade, tais como compras, vendas, pagamentos, recebimentos etc. são registrados contabilmente em suas respectivas contas.

Ex.: movimentações em espécie na conta Caixa; movimentações bancárias na conta Banco; compra e venda de mercadorias na conta Estoque de Mercadorias etc.

6.1. TEORIA DAS CONTAS

Segundo a doutrina, são três as principais teorias das contas:

- Teoria personalista
- Teoria materialista e
- Teoria patrimonialista.

Essas teorias são correntes filosóficas acerca da contabilidade (conceitos, proposições e metodologias contábeis) que fundamentaram a ciência contábil como conhecemos hoje.

6.2. **TEORIA PERSONALISTA**

Essa teoria entende que o **patrimônio é o objeto a ser administrado.**

Nesse sentido, a teoria segrega as contas que representam a **situação estática** (bens, direitos, obrigações e PL) das contas que representam a situação dinâmica (receitas e despesas).

Segundo a Teoria Personalista cada conta representa uma pessoa (daí o nome personalista) da seguinte forma:

- Proprietários
- Agentes Consignatários
- Agentes Correspondentes

PROPRIETÁRIOS

É o titular do patrimônio, pessoa física ou jurídica. Originalmente, dizia-se que, no caso da pessoa jurídica, os proprietários eram os sócios.

No entanto, é nítida a **diferença entre a personalidade da pessoa jurídica e a de seus sócios.**

Deve-se levar em consideração que esse método começou a ser difundido em uma época em que o comerciante, pessoa física, realizava operações em seu próprio nome, sem constituir sociedade.

De qualquer forma, o proprietário é representado **pelas contas de situação líquida e de resultado.**

AGENTES CONSIGNATÁRIOS

Representam as pessoas a quem os **proprietários confiam a guarda dos bens da empresa.**

No momento em que os agentes consignatários recebem bens do proprietário para a guarda, tornam-se devedores do titular do patrimônio. Logo, quando o caixa da empresa (pessoa responsável pela tesouraria), recebe valores que ficarão sob sua guarda, ele se torna devedor do proprietário, uma vez que é o dono dos recursos e, portanto, o credor.

Em uma realização de capital de R$ 1.000,00 em dinheiro, por exemplo, é como se o proprietário confiasse a guarda do valor ao caixa.

Os **agentes consignatários** são representados por contas de ativos, que possuem **natureza devedora** e o **proprietário** representado no patrimônio líquido, que possui natureza credora.

AGENTES CORRESPONDENTES

São as pessoas de fora da empresa com os quais os proprietários mantêm **contas a receber ou contas a pagar.**

Ou seja, as contas de correspondentes são aquelas que registram os direitos que fazem parte do ativo e as obrigações que fazem parte do passivo exigível.

Na compra a prazo de mercadorias, ocorre variação nos saldos das contas mercadorias e fornecedores. A primeira representa o agente consignatário que tem a guarda do estoque de mercadorias da empresa (passa a ser devedor do proprietário).

O fornecedor (correspondente) torna-se credor do proprietário, pois a relação com o fornecedor é com o proprietário. Perante este que tem o crédito.

6.3. TEORIA MATERIALISTA

A teoria materialista se opõe a teoria personalista, defendendo que **as contas representam entradas e saídas de valores** e não simples relações de débito e crédito entre pessoas (excluídas as relações com terceiros).

Segundo essa teoria, as contas só devem existir enquanto existirem os elementos materiais (bens, direitos, obrigações, Patrimônio Líquido, despesas e receitas) por ela representados na entidade.

Segundo a Teoria Materialista as contas são classificadas em:

Contas Integrais: representam os bens, direitos e obrigações.

Contas Diferenciais: representam as despesas, receitas e Patrimônio Líquido.

6.4. TEORIA PATRIMONIALISTA

Trata-se da teoria atualmente utilizada pela Contabilidade.

Segundo a Teoria Patrimonialista as contas são classificadas em:

- **Contas Patrimoniais (Incluindo as contas redutoras)**

- **Contas de Resultado**

Existem, ainda, as contas de compensação, também denominadas de extrapatrimoniais:

Contas de Compensação (Extrapatrimoniais): compreendem um sistema de contas próprias para o registro de atos administrativos relevantes (atos que podem afetar futuramente o patrimônio da entidade).

RESUMO

TEORIA DAS CONTAS		
PERSONALISTA	MATERIALISTA	PATRIMONIALISTA
Proprietários	**Contas Integrais**	**Contas Patrimoniais**
Patrimônio líquido	Ativo	Ativo
Receitas	Passivo	Passivo
Despesas	**Contas Diferenciais**	Patrimônio Líquido
Agentes Consignatários	Patrimônio Líquido	**Contas de Resultado**
Pessoa a quem o proprietário confia a guarda dos bens	Receitas	Receitas
Agentes Correspondentes	Despesas	Despesas
Pessoas que não pertencem à entidade. São os direitos e as obrigações da empresa.		

6.5. CONTAS PATRIMONIAIS

São as que representam os elementos componentes do Patrimônio da entidade, dividindo-se basicamente em **Ativos (Bens e Direitos) e Passivos (Obrigações e Patrimônio Líquido).**

As contas patrimoniais estão registradas no **Balanço Patrimonial da entidade**.

Exemplo: Caixa, Bancos, Duplicatas a receber, Fornecedores, Salários a pagar, Capital Social, Lucros e Prejuízos etc.

6.6. **CONTAS DE RESULTADO**

São as que representam variações no patrimônio líquido da entidade (positivas ou negativas) e influenciam diretamente no resultado do exercício (lucro ou prejuízo), sendo evidenciadas pelas despesas/custos e receitas.

Resumindo, a apuração dos lucros e prejuízos da empresa se deve às contas de resultado (confronto entre receitas e despesas/custos).

Resultado ——— **Lucro** (Receitas > Despesas/Custos)

Prejuízo (Receitas < Despesas/Custos)

> **IMPORTANTE:**
>
> As receitas, custos e despesas **não pertencem ao Balanço Patrimonial**, apenas o seu resultado final, ou seja, o **lucro ou o prejuízo** auferido pela entidade fará parte do Balanço Patrimonial no subgrupo Patrimônio Líquido.
>
> As contas de resultado pertencem a **Demonstração do Resultado do Exercício.**
>
> Os saldos das contas patrimoniais se **acumulam ao longo de diversos períodos**.
>
> Os saldos das contas de resultado são **zerados ao longo de cada período de apuração** (mensalmente, trimestralmente ou anualmente)

Exemplo (Conta Patrimonial):

Saldo da conta Bancos em 30.11.X0: **R$ 90.000,00**

Movimentação da conta Bancos **durante o mês de dezembro:**

Entradas: R$ 50.000,00

Saídas: R$ 70.000,00

Saldo da conta Bancos em 31.12.X0: **R$ 70.000,00**

Exemplo (Conta de Resultado):

Reserva de Lucros em 30.11.X0 (Conta Patrimonial): **R$ 50.000,00**

Total de Receitas no mês de dezembro (Conta de Resultado): **R$ 120.000,00**

Total de Despesas no mês de dezembro (Conta de Resultado): **R$ 80.000,00**

Resultado do período: R$ 40.000,00 (Saldo zerado e registrado na Conta Reserva de Lucros)

Reserva de Lucros em 31.12.X0 (Contra Patrimonial): **R$ 90.000,00**

6.7. CONTAS RETIFICADORAS (REDUTORAS)

São contas que embora apareçam em um determinado grupo patrimonial (ativo ou passivo/patrimônio líquido) tem saldo contrário em relação às demais contas desse grupo. São exemplos de contas retificadoras:

No Ativo:

(-) Perdas estimadas de não recebimento

(-) Depreciação Acumulada, Amortização Acumulada e Exaustão Acumulada

No Passivo:

(-) Encargos a apropriar

No Patrimônio Líquido (PL):

(-) Capital a Realizar ou a Integralizar

(-) Prejuízos Acumulados

EXEMPLO 1

Uma empresa vendeu mercadorias a prazo gerando duplicatas a receber (contrapartida "clientes") no valor de R$ 30.000,00, porém devido ao alto índice de inadimplência do comprador, estima receber apenas 80% desse valor. Desta forma, a empresa deverá estimar um valor de R$ 6.000,00 em uma conta chamada "Perdas Estimadas de não recebimento" que será retificadora (ou redutora) do ativo conforme mostra lançamento a seguir:

ATIVO		PASSIVO	
Clientes	30.000	Passivo Exigível	0
Perdas estimadas de não recebimento (*)	(6.000)	Patrimônio Líquido	24.000
Lucro	24.000		
Total	**24.000**	**Total**	**24.000**

(*) Sua contrapartida será um lançamento de despesa

Apuração de resultado = Receita − Despesa

Apuração de resultado = 30.000 − 6.000 = **24.000 (Lucro)**

EXEMPLO 2

A empresa adquiriu um veículo pelo valor de R$ 20.000,00 a prazo e sabendo que o bem sofrerá depreciação anual de 20%, a empresa registra no final do ano uma conta chamada **"Depreciação acumulada"** que será retificadora (ou redutora) do ativo conforme mostra lançamento a seguir

ATIVO		PASSIVO	
Veículos	20.000	Passivo Exigível	20.000
Depreciação acumulada (*)	(4.000)	Fornecedores	20.000
		Patrimônio Líquido	(4.000)
		Prejuízo	(4.000)
Total	**16.000**	**Total**	**16.000**

(*) Sua contrapartida será um lançamento de despesa

Apuração de resultado = Receita − Despesa

Apuração de resultado = 0 − 4.000 = **4.000 (Prejuízo)**

EXEMPLO 3

A empresa registrou seus atos constitutivos na Junta Comercial do Rio de Janeiro no qual os sócios subscrevem o capital inicial da sociedade (capital social) no valor de R$ 100.000,00. No momento da assinatura do contrato foram integralizados 80% do valor através de depósito bancário. Neste caso falta integralizar R$ 20.000,00 **(capital a integralizar)**

ATIVO		PASSIVO	
Bancos	80.000	Passivo Exigível	0
		Patrimônio Líquido	80.000
		Capital Social	100.000
		Capital a integralizar	(20.000)
Total	**80.000**	**Total**	**80.000**

6.8. CONTAS ESTÁVEIS E INSTÁVEIS

Outra possível classificação para as contas é se elas são estáveis ou instáveis.

Estáveis: Contas que apresentam sempre o mesmo saldo (Estoques, por exemplo, sempre terá saldo devedor e Fornecedores sempre terá saldo credor)

Instáveis: Contas que podem apresentar ora saldo devedor ou credor (Resultado do Exercício, por exemplo, pode ser devedor ou credor)

7

PLANO DE CONTAS, FUNÇÃO E FUNCIONAMENTO DAS CONTAS E NATUREZA DAS CONTAS

Neste capítulo vamos falar sobre as principais características do plano de contas bem como um dos assuntos mais temidos em prova: Natureza das contas contábeis.

Ou seja, a partir de agora vamos entender o funcionamento das contas para fins de lançamentos contábeis.

7.1. PLANO DE CONTAS

É um elenco de todas as contas previstas como necessárias aos registros contábeis de uma entidade (patrimoniais, de resultado e redutoras).

O plano de contas deve indicar tanto a **função** quanto o **funcionamento** de cada conta.

É o instrumento que o profissional consulta quando vai fazer um lançamento contábil e serve de parâmetro para a elaboração das demonstrações contábeis.

> **Função da conta:** Em quais situações aquela conta será utilizada (Por exemplo, todas as transações que envolvam compra e venda de mercadorias devem ser registradas na Conta Estoques).
>
> **Funcionamento da conta:** Indica em qual situação a conta será debitada e em qual situação será creditada. (Por exemplo, a conta Estoques será debitada nos ingressos e será creditada nas saídas).

Embora o plano de contas tenha como vantagem a uniformização das contas utilizadas em cada registro, **cada entidade terá seu próprio plano de contas.**

Ou seja, uma empresa industrial deverá ter plano de contas diferente do plano de contas de uma empresa comercial.

A entidade tem autonomia e liberada para alterar, criar e excluir as contas do seu plano de contas.

Nesse contexto, a entidade só pode realizar lançamentos contábeis **a partir das contas que estejam cadastradas no plano de contas** (cada empresa possui seu plano de contas).

Exemplo: Conta Caixa

Débito: Pelo recebimento em dinheiro

Crédito: Pelo pagamento em dinheiro

Saldo: Representa o numerário em poder da empresa e só pode ser devedor (Por se tratar de conta do ativo)

Quando da elaboração do plano de contas devem ser analisados os graus das contas que são a medida de dependência na análise destas, sendo que a dependente deve ter sempre classificação inferior com relação a principal.

Normalmente, são empregados dois graus:

- Conta sintética (1º grau) e

- Conta analítica (2º grau)

OBS: Somente as contas analíticas recebem lançamentos.

1. Ativo (Sintético)

1.1 Ativo Circulante (Sintético)

1.1.1. Disponibilidades (Sintético)

1.1.1.2. Bancos (Sintético)

1.1.1.2.1. Caixa Econômica (Analítico)

1.1.1.2.2. Banco do Brasil (Analítico)

A seguir um modelo de Plano de Contas que poderá ser utilizado por empresas comerciais, industriais e prestadoras de serviços, com as devidas adaptações:

1.	**ATIVO**
1.1.	**CIRCULANTE**
1.1.1.	Disponível
1.1.1.1.	Caixa
1.1.1.2.	Bancos Conta Movimento
1.1.1.2.1.	Banco A
1.1.1.2.2.	Banco B
1.1.1.3.	Aplicações financeiras de liquidez imediata
1.1.2.	Aplicações Financeiras
1.1.2.1.	Fundos de Investimento
1.1.2.2.	CDB
1.1.3.	Clientes
1.1.3.1.	Duplicatas a Receber de Clientes
1.1.3.1.1.	Cliente A
1.1.3.1.2.	Cliente B
1.1.3.2.	(-) Perdas estimadas de não recebimento
1.1.4.	Outras Contas a Receber
1.1.4.1.	Empréstimos a Receber
1.1.4.2.	Adiantamento a Funcionários
1.1.4.3.	Impostos a Recuperar
1.1.4.4.	Adiantamento a fornecedores
1.1.5.	Estoques
1.1.5.1.	Produtos Acabados ou Mercadorias
1.1.5.2.	Produtos em Elaboração
1.1.5.3.	Matérias Primas

1.1.5.4.	Material de Consumo
1.1.5.5.	Material de Escritório
1.1.5.6.	(-) Perdas Estimadas para Estoques
1.1.6.	Despesas Antecipadas
1.1.6.1.	Prêmios de seguro a apropriar
1.1.6.2.	Aluguéis
1.1.6.3.	IPVA
1.1.6.4.	Assinatura de Jornais e Revistas

1.2. NÃO CIRCULANTE
1.2.1. REALIZÁVEL A LONGO PRAZO

1.2.1.1.	Clientes
1.2.1.2.	Contas a Receber
1.2.1.3.	Despesas Antecipadas
1.2.1.4.	Depósitos Judiciais
1.2.1.5.	Empréstimo a Sócios / Acionistas
1.2.1.6.	Empréstimos a Empresas Controladas/Coligadas

1.2.2. INVESTIMENTOS

1.2.2.1.	Participações em Controladas/Coligadas
1.2.2.2.	Participações em Outras Empresas
1.2.2.3.	Outros Investimentos
1.2.2.4.	(-) Perdas estimadas em Investimento

1.2.3. IMOBILIZADO

1.2.3.1.	Terrenos
1.2.3.2.	Imóveis
1.2.3.3	. Instalações
1.2.3.4.	Máquinas e equipamentos
1.2.3.5.	Móveis e Utensílios

1.2.3.6.	Veículos
1.2.3.7.	Marcas e Patentes
1.2.3.8.	Imóveis
1.2.3.9	Instalações
1.2.3.10.	Máquinas e equipamentos
1.2.3.11.	Móveis e Utensílios
1.2.3.12.	Veículos
1.2.3.13.	(-) Depreciação Acumulada
1.2.3.14.	(-) Redução ao valor recuperável
1.2.4.	**INTANGÍVEL**
1.2.4.1.	Softwares
1.2.4.2.	Marcas e patentes
1.2.4.3.	(-) Amortização Acumulada
2.	**PASSIVO**
2.1.	**CIRCULANTE**
2.1.1.	Fornecedores
2.1.1.1.	Fornecedor A
2.1.1.2	. Fornecedor B
2.1.1.3.	Adiantamento de fornecedores
2.1.2.	Contas a Pagar
2.1.2.1.	Água
2.1.2.2.	Luz
2.1.2.3.	Telefone
2.1.2.4.	Aluguel
2.1.3.	Empréstimos e Financiamentos
2.1.4.	Salários a Pagar
2.1.5.	Impostos a Pagar

2.1.6.	Duplicatas Descontadas
2.1.7.	Provisões
2.1.8.	Dividendos a Pagar
2.2.	**NÃO CIRCULANTE**
2.2.1.	**EXIGÍVEL A LONGO PRAZO**
2.2.1.1.	Fornecedores
2.2.1.2.	Contas a Pagar
2.2.1.3.	Empréstimos e Financiamentos
2.2.1.4.	Obrigações Fiscais
2.2.1.5.	Empréstimos de Empresas Controladas/Coligadas
2.3.	**PATRIMÔNIO LÍQUIDO**
2.3.1.	Capital Social
2.3.1.1.	Capital Subscrito
2.3.1.2.	(-) Capital a Integralizar
2.3.1.3	(-) Ações em Tesouraria
2.3.2.	Reservas
2.3.2.1.	De Capital
2.3.2.2.	Legal
2.3.2.3.	Lucros
2.3.3.	Ajustes de Avaliação Patrimonial
2.3.4.	(-) Prejuízos Acumulados
2.3.4.1.	Prejuízos Exercícios Anteriores
2.3.4.2.	Prejuízos Exercício Corrente
3.	**CUSTOS/DESPESAS**
3.1	**Custos diretos da produção**
3.1.01	Custos dos produtos/Mercadorias vendidas
3.1.01.01	CMV

3.2 Despesas Operacionais

3.2.01	Despesas Administrativas
3.2.01.01	Salários e ordenados
3.2.01.02	Adicional noturno
3.2.01.03	Água / Esgoto
3.2.01.04	Alimentação
3.2.01.05	Aluguéis e arrendamento
3.2.01.06	Assistência médica/social
3.2.01.07	Associação de classe
3.2.01.08	Contribuição/donativos
3.2.01.09	Correios
3.2.01.10	Depreciação/Amortização
3.2.01.11	Despesas com manutenção da loja
3.2.01.12	Farmácia
3.2.01.13	Férias
3.2.01.14	FGTS
3.2.01.15	Gás
3.2.01.16	Horas extras
3.2.01.17	Impostos e taxas
3.2.01.18	Impressos
3.2.01.19	Indenizações/aviso prévio
3.2.01.20	INSS
3.2.01.21	Legais e judiciais
3.2.01.22	Luz e energia
3.2.01.23	Materiais de consumo
3.2.01.24	Multas de trânsito
3.2.01.25	Multas fiscais

3.2.01.26	Pró labore
3.2.01.27	Propaganda e publicidade
3.2.01.28	Reproduções
3.2.01.29	Revistas e jornais
3.2.01.30	13º Salário
3.2.01.31	Seguros
3.2.01.32	Serviços terceiros pessoa física
3.2.01.33	Serviços terceiros pessoa jurídica
3.2.01.34	Telefone
3.2.01.35	Vale transporte
3.2.01.36	Viagens e representações
3.2.02	Despesas Comerciais
3.2.02.01	Perdas estimadas de não recebimento
3.2.02.02	Amostra grátis
3.2.02.03	Combustível
3.2.02.04	Comissões de venda
3.2.02.05	Embalagens
3.2.02.06	Fretes na entrega
3.2.02.07	Impostos s/ veículos
3.2.02.08	Manutenção de veículos
3.2.02.09	Propaganda e publicidade
3.2.03	Outras Despesas
3.3.	**Despesas financeiras**
3.3.01.01	Encargos e Juros de Mora
3.3.01.02	Despesas Bancárias
3.3.01.03	Outras taxas e encargos

4.	**RECEITA**
4.1	Receita bruta s/ vendas e serviços
4.1.01	Receita bruta de venda
4.1.01.01	Revenda de mercadorias
4.1.02	Receita bruta de serviços
4.1.02.01	Prestação de serviços
4.2	Dedução de receita bruta vendas/serviços
4.2.01	Dedução de receita bruta de vendas
4.2.01.01	Cancelamento de devoluções
4.2.01.02	Abatimento incondicional
4.2.01.03	ICMS
4.2.01.04	COFINS
4.2.01.05	PIS s/ vendas e serviços
4.2.01.06	Ajuste a valor presente
4.2.02	Dedução de receita bruta s/ serviços
4.2.02.01	ISS
4.3	**Receita operacional**
4.3.01	Receita financeira
4.3.01.01	Variação monetária ativa
4.3.01.02	Juros s/ aplicações financeiras
4.3.01.03	Descontos obtidos
4.3.01.04	Receita de aplicações pré-fixadas
4.3.01.05	Multas ativas
4.3.01.06	Dividendos
4.3.01.07	Juros s/ duplicatas
4.3.02	Recuperações diversas
4.3.02.01	Reembolsos diversos

4.3.02.02	Venda de sucatas
4.3.03	Receitas patrimoniais
4.3.03.01	Resultado da venda de bens

4.4 Receita de Participações Societária

4.4.01	Receita em Participações com Empresa Coligadas
4.4.01.01	Receita de Participações Societária

4.5 Outras Receitas

FIQUE ATENTO:

1) As questões da prova não necessariamente virão com a descrição **"Despesa"** antes da conta.

Exemplo: Despesa com salários pode vir simplesmente "Salários"

2) Algumas contas podem ter a mesma nomenclatura e para saber se são despesas ou receitas devem ter o final **"ativos" ou "passivos"**

Exemplo: Juros Ativos (Receitas) ou Juros Passivos (Despesas)

7.2. NATUREZA DOS SALDOS DAS CONTAS

O saldo das contas pode ter natureza:

DEVEDORA	CREDORA
• Ativo	• Passivo exigível
• Despesa	• Patrimônio líquido
• Retificadora do passivo exigível	• Receita
• Retificadora do PL	• Retificadora do ativo

Diante do quadro acima, é possível observar que:

- Os saldos das contas do **Ativo**, assim como das **Despesas e redutoras do passivo e patrimônio líquido**, são **aumentados quando as debitamos**, e são diminuídos quando as creditamos

- Os saldos das contas do **Passivo**, assim como das contas de **Receitas e redutoras do ativo**, são **aumentados quando as creditamos**, e são diminuídos quando as debitamos.

Por conclusão, podemos definir que:

- As **origens** de recursos têm natureza **credora**; logo, **aumentam** com o crédito e diminuem com o débito.

- As **aplicações** de recursos têm natureza **devedora**; logo, **aumentam** com o débito e diminuem com o crédito.

- A **diferença** entre o débito e crédito de uma determinada conta é **denominada de saldo**.

- Se o valor dos **débitos for superior** ao valor dos créditos, a conta terá um **saldo devedor**.

- Se o ocorrer o contrário, a conta terá um **saldo credor**.

QUADRO RESUMO:

NATUREZA DAS CONTAS	DEVEDORAS	CREDORAS
PATRIMONIAIS	ATIVO	PASSIVO PATRIMÔNIO LÍQUIDO
DE RESULTADO	DESPESA	RECEITA
REDUTORAS	DO PASSIVO DO PL	DO ATIVO

QUADRO RESUMO:

CONTAS	NATUREZA	AUMENTAM	DIMINUEM	SALDO
DO ATIVO	DEVEDORA	Debitando	Creditando	Devedor
DO PASSIVO	CREDORA	Creditando	Debitando	Credor
DO PL	CREDORA	Creditando	Debitando	Credor
DESPESAS	DEVEDORA	Debitando	Creditando	Devedor
RECEITAS	CREDORA	Creditando	Debitando	Credor
REDUTORAS DE ATIVO	CREDORA	Creditando	Debitando	Credor
REDUTORAS DE PASSIVO	DEVEDORA	Debitando	Creditando	Devedor
REDUTORA DO PL	DEVEDORA	Debitando	Creditando	Devedor

7.3. **MOVIMENTAÇÃO DAS CONTAS**

Apesar de cada conta contábil possuir uma natureza própria (seja devedora ou credora) não quer dizer que ela não possa receber lançamentos de natureza contrária.

O que deve prevalecer **é o seu saldo.**

Exemplos:

Conta Bancos: Natureza Devedora, porém recebe lançamentos credores

Conta Estoques: Natureza Devedora, porém recebe lançamentos credores

Conta Clientes: Natureza Devedora, porém recebe lançamentos credores

Salários a pagar: Natureza Credora, porém recebe lançamentos devedores

Fornecedores: Natureza Credora, porém recebe lançamentos devedores

Capital Social: Natureza Credora, porém recebe lançamentos devedores

7.4. **REPRESENTAÇÃO GRÁFICA**

Os registros dos mais diversos fatos contábeis são feitos nas respectivas contas, sendo escriturados (com base nos lançamentos do **livro diário**) em um livro contábil **chamado "Livro Razão"**, podendo ser feitos em fichas do Razão, ou, mais geralmente, por sistemas informatizados.

Cada ficha é utilizada para cada conta, e os elementos necessários em cada registro são: **valores do débito e do crédito, data, histórico, e o saldo da conta.**

Porém, a forma mais usual para se representar manualmente as movimentações dos saldos das contas no Razão é a forma de **representação simplificada em forma de "T".**

Esse tipo de representação, que facilita muito a verificação dos saldos de cada conta do Razão, **é conhecido como RAZONETE:**

CONTA	
DÉBITOS	**CRÉDITOS**

Exemplo: Conta Bancos

Movimentações durante o mês de outubro de X1:

01/10 – Saldo inicial de R$ 17.000,00 (Débito)

04/10 – Depósito recebido no valor de R$ 30.000,00 (Débito)

10/10 – Pagamento de contas no valor de R$ 25.000,00 (Crédito)

15/10 – Recebimento de numerários no valor de R$ 8.000,00 (Débito)

21/10 – Rendimento de poupança no valor de R$ 3.000,00 (Débito)

28/10 – DOC efetuado para outro banco no valor de R$ 9.000,00 (Crédito)

Segue abaixo o saldo da conta apurado no razonete:

BANCOS	
DÉBITOS	**CRÉDITOS**
17.000	25.000
30.000	9.000
8.000	
3.000	
58.000	34.000
24.000	

Os razonetes também são utilizados para apuração do resultado:

Exemplo:

Receitas: R$ 100.000,00

Despesas: R$ 80.000,00

APURAÇÃO DO RESULTADO	
DÉBITOS	**CRÉDITOS**
80.000	100.000
80.000	100.000
	20.000

8

ESCRITURAÇÃO: CONCEITOS, LANÇAMENTOS CONTÁBEIS, ELEMENTOS ESSENCIAIS, FÓRMULAS DE LANÇAMENTOS, ERROS EM LANÇAMENTOS CONTÁBEIS, LIVROS CONTÁBEIS E REGIMES CONTÁBEIS

Escrituração é a técnica utilizada pela contabilidade para **registrar, em ordem cronológica, todos os fatos administrativos que ocorrem no patrimônio das entidades**, para fornecer informações sobre a composição do patrimônio e as variações nele ocorridas em determinado período.

Segundo a **ITG 2000 – Escrituração Contábil**, a escrituração contábil deve ser executada:

- em idioma e em moeda corrente nacionais;
- em forma contábil;
- em ordem cronológica de dia, mês e ano;
- com ausência de espaços em branco, entrelinhas, borrões, rasuras ou emendas; e
- com base em documentos de origem externa ou interna ou, na sua falta, em elementos que comprovem ou evidenciem fatos contábeis.

8.1. MÉTODO DE ESCRITURAÇÃO

Utiliza o método das **partidas dobradas, que** consiste no princípio no qual **para todo débito em uma conta, existe simultaneamente um crédito**, da mesma maneira que **a soma do débito será igual a soma do crédito**, assim como a **soma dos saldos devedores será igual a soma dos saldos credores.**

8.2. LANÇAMENTO CONTÁBIL

É o registro dos fatos contábeis, realizado **através do método das partidas dobradas**, sendo a partida devedora representada pela aplicação do recurso e a partida credora representada pela origem do recurso.

Os lançamentos atendem a duas funções: **histórica** que consiste na narração do fato em ordem cronológica (dia, mês, ano e local) e **monetária** que compreende o registro da expressão monetária dos fatos e o seu agrupamento conforme a natureza de cada um.

> **IMPORTANTE:**
>
> Escrituração é diferente de lançamento!
>
> **Escrituração:** Técnica contábil
>
> **Lançamento:** Ato que coloca em prática a escrituração

8.3. ELEMENTOS ESSENCIAIS DO LANÇAMENTO

Qualquer que seja o processo de escrituração, alguns elementos devem constar do lançamento. São eles:

1 - Local e data;

2 - Conta (s) debitada (s);

3 - Conta (s) creditada (s);

4 - Histórico;

5 - Valor (es)

O local do lançamento pode ser omitido, presumindo-se que o registro tenha sido feito no local do estabelecimento.

Considerada a necessidade de informação desses elementos, um lançamento no livro diário pode ter estas características:

Rio de Janeiro, 18 de março de 2018

D – Estoque de Mercadorias

C – Banco conta movimento

Compra à vista de mercadorias através de cheque 1.000

Na escrituração do livro Diário pelo processo manual, usa-se a preposição "a" para indicar a conta creditada. Desse modo, o lançamento anterior poderia ser feito da seguinte forma:

Estoque de Mercadorias

a Banco conta movimento

Compra à vista de mercadorias através de cheque   1.000

Para efeitos didáticos, porém, é usual a não indicação do local, data e histórico, limitando-se o lançamento a apresentar a(s) conta(s) debitada(s) e creditada(s) e o(s) valor(es):

D – Estoque de Mercadorias

C – Banco conta movimento 1.000

Ou então:

Estoque de Mercadorias

a Banco conta movimento 1.000

8.4. **FÓRMULAS DE LANÇAMENTO**

Existem atualmente 04 (quatro) fórmulas para registrar os fatos contábeis, de acordo com o número de contas debitadas e creditadas:

- 1ª Fórmula
- 2ª Fórmula
- 3ª Fórmula

- 4ª Fórmula

1ª Fórmula: Quando o registro envolve somente uma conta a débito e uma a crédito

Exemplo: Compra à vista (em cheque) de veículos para uso no valor de R$ 10.000.

D – Veículos

C – Banco conta movimento   10.000   ou

Veículos

a Banco conta movimento   10.000

2ª Fórmula: Quando o registro envolve uma conta uma conta a débito e duas ou mais a crédito.

Exemplo: Compra de veículos para uso no valor de R$ 10.000, com 20% de entrada (em cheque) e o restante sendo financiado.

D – Veículos   10.000

C – Banco conta movimento   2.000

C – Financiamentos a pagar   8.000   ou

Veículos   10.000

a Diversos

a Banco conta movimento   2.000

a Financiamentos a pagar   8.000

OBS: A expressão "a Diversos" indica que existe mais de uma conta a crédito

3ª Fórmula: Quando o registro envolve duas ou mais contas a débito e apenas uma a crédito.

Exemplo: Compra à vista (em cheque) de veículos no valor de R$ 50.000, parte para revenda (R$ 40.000), parte para uso (R$ 10.000).

D – Estoque de Mercadorias   40.000

D – Veículos   10.000

C – Banco conta movimento   50.000   ou

Diversos

a Banco conta movimento	50.000
Estoque de Mercadorias	40.000
Veículos	10.000

OBS: A expressão "Diversos" indica que existe mais de uma conta a débito

4ª Fórmula: Quando o registro envolve duas ou mais contas a débito e duas ou mais a crédito.

Exemplo: Compra de veículos no valor de R$ 50.000, parte para revenda (R$ 40.000), parte para uso (R$ 10.000,00), com pagamento de 40% no ato (em cheque) e o restante sendo financiado.

D – Mercadorias	40.000	
D – Veículos	10.000	
C – Banco conta movimento	20.000	
C – Financiamentos a pagar	30.000	ou

Diversos

a Diversos

Mercadorias	40.000
Veículos	10.000
a Banco conta movimento	20.000
a Financiamentos a pagar	30.000

QUADRO RESUMO

Lançamento	Débito	Crédito
1ª Fórmula	1	1
2ª Fórmula	1	2
3ª Fórmula	2	1
4ª Fórmula	2	2

(*) Colocou-se o número 2 para facilitar o entendimento, mas precisamos entender que é 2 ou mais contas.

8.5. ERROS DE ESCRITURAÇÃO E CORREÇÕES

Durante a escrituração contábil, o contabilista pode cometer erros, como por exemplo: erro na identificação da conta debitada ou creditada. Inversão das contas, erro na identificação do valor, erro no histórico, lançamento em duplicidade e omissão de lançamento.

As incorreções relacionadas à escrituração podem ser corrigidas mediante:

1 - Estorno

2 - Transferência

3 - Complementação

8.6. ESTORNO

Implica a **anulação integral do lançamento errado.**

Consiste em se inverter a posição das contas utilizadas no lançamento que se pretende anular.

Em regra, a correção por estorno envolve dois lançamentos, o de estorno e o que corretamente registra a transação.

Exemplo: Consideremos que o contabilista tenha registrado, indevidamente, a compra à vista de mercadorias da seguinte forma:

D – Mercadorias

C – Fornecedores   1.000

O estorno do lançamento seria este:

D – Fornecedores

C – Mercadorias   1.000

Após o estorno, fazemos o lançamento correto para registrar a compra à vista de mercadorias:

D – Mercadorias

C – Caixa   1.000

Mercadorias		Fornecedores		Caixa	
1.000	1000	1.000	1.000	1.000	
1.000					
1.000			0	1.000	

8.7. **TRANSFERÊNCIA**

Consiste no **estorno parcial.**

Por intermédio da transferência, é possível a correção do erro mediante um único lançamento, sem a necessidade de se estornar integralmente o lançamento errado.

Exemplo: Consideremos que o contabilista tenha registrado, indevidamente, a compra à vista de mercadorias da seguinte forma:

D – Mercadorias

C – Fornecedores   1.000

Podemos corrigir o erro com um lançamento de transferência. Como a incorreção foi apenas na conta creditada (fornecedores), somente ela é estornada.

Em seu lugar, é creditada a conta correta:

D – Fornecedores

C – Caixa   1.000

Assim, teremos os saldos corrigidos:

Mercadorias		Fornecedores		Caixa	
1.000		1.000	1.000	1.000	
			0		

8.8. COMPLEMENTAÇÃO

Consiste em se completar o valor registrado a menor.

Repetimos o lançamento anterior e registramos a diferença de valor.

Exemplo: Consideremos que o contabilista tenha registrado, indevidamente, a compra à vista de mercadorias, no valor de 1.000, da seguinte forma:

D – Mercadorias

C – Banco   100

O lançamento de complementação seria:

D – Mercadorias

C – Banco   900

8.9. LIVROS CONTÁBEIS

São aqueles utilizados pelo setor de Contabilidade e que se destinam à escrituração contábil dos atos e dos fatos administrativos que ocorrem na empresa.

Os livros utilizados pelas entidades que mais caem em prova são:

- Livro diário
- Livro razão
- Livro caixa

LIVRO DIÁRIO

O Livro diário contém o registro de todo e cada lançamento em ordem cronológica e possui as seguintes características:

Obrigatório: é exigido pelo Código Civil, estando sujeito às formalidades intrínsecas e extrínsecas que veremos a seguir. É obrigatório para todas as entidades, exceto, para o pequeno empresário individual, microempresas e empresas de pequeno porte **optantes pelo regime de tributação "Simples Nacional".**

Principal: registra todos os fatos contábeis.

Cronológico: os fatos contábeis são registrados em ordem cronológica.

Além disso, o Novo Código Civil estabelece nos artigos 1.179 e 1.180:

"O empresário e a sociedade empresária são obrigados a seguir um sistema de contabilidade, mecanizado ou não, com base na escrituração uniforme de seus livros, em correspondência com a documentação respectiva, e a levantar anualmente o balanço patrimonial e o de resultado econômico".

"Além dos demais livros exigidos por lei, é indispensável o diário, que pode ser substituído por fichas no caso de escrituração mecanizada ou eletrônica".

LIVRO RAZÃO

O livro razão demonstra, de forma separada, o movimento de cada conta (seja patrimonial, de resultado ou redutora) escriturado no livro diário, apurando o seu saldo final.

É considerado o livro mais importante da contabilidade, pois abastece de informações o balancete verificação (que veremos mais a frente) e por consequência às demonstrações contábeis.

Possui as seguintes características:

Obrigatório: segundo a legislação tributária, somente para as entidades que apuram o imposto de renda pelo regime de tributação "Lucro Real" (Para as demais entidades, será facultativa).

Principal: registra todos os fatos contábeis.

Sistemático: os fatos contábeis são registrados por tipo de contas (bancos, duplicatas a receber, fornecedores, capital social etc.)

Conforme mencionamos anteriormente, no livro razão temos a representação gráfica de uma conta em forma de "T" chamada de "razonete".

IMPORTANTE:

Segundo a **ITG 2000 – Escrituração Contábil** tanto o livro diário quanto o livro razão são obrigatórios.

LIVRO CAIXA

No Livro Caixa são registrados **cronologicamente todos os recebimentos e pagamentos realizados**, não existindo determinação na legislação aplicável quanto à forma de escrituração do livro caixa.

Deve ser apresentado pelas microempresas e empresas de pequeno porte optantes pelo Simples Nacional.

8.10. FORMALIDADES DOS LIVROS

Os livros contábeis possuem formalidades que devem ser observadas e são classificadas em: extrínsecas e intrínsecas.

Extrínsecas

Em forma não digital:

- Serem encadernados
- Terem suas folhas numeradas sequencialmente
- Conterem termo de abertura e de encerramento assinados pelo titular ou representante legal da entidade e pelo contabilista legalmente registrado no Conselho Regional de Contabilidade.

Em forma digital:

- Serem assinados digitalmente pela entidade e pelo contabilista regularmente habilitado
- Serem autenticados no registro público competente

Intrínsecas
- Utilização do idioma nacional e da moeda corrente do país
- Uso da linguagem mercantil
- Individualização e clareza dos lançamentos nele feitos
- O registro dos fatos em rigorosa ordem cronológica de dia, mês e ano
- A inexistência, na escrituração, de intervalos em branco, entrelinhas, borrões, rasuras, emendas, ou transportes para as margens.

8.11. REGIMES CONTÁBEIS

Regimes contábeis são os critérios adotados para registro das operações da entidade, sendo classificados em regime de competência e regime de caixa.

Regime de competência: Registro de lançamentos contábeis no período de competência da receita ou despesa realizada, independentemente do pagamento ou recebimento (apuração do lucro da empresa). Princípio contábil que deve ser seguido pelas entidades.

Regime de caixa: Considera os registros conforme os recebimentos ou pagamentos, mesmo que pertençam a períodos contábeis anteriores (apuração do resultado financeiro). Importante para a elaboração da Demonstração dos Fluxos de Caixa.

Exemplo:

Determinada entidade apresentou os seguintes eventos no mês de abril de 2019:

I - Pagamento de R$ 4.200,00, no mês de abril de 2019, referentes a aluguel dos meses de abril e maio de 2019.

II - Consumo e pagamento de despesas, em abril de 2019, com serviços de limpeza e conservação, relativos ao mês de abril de 2019, no valor de R$ 1.800,00.

III - Recebimento, em abril de 2019, em dinheiro, por serviços prestados no mês de março de 2019, no valor de R$ 3.600,00.

IV - Prestação de serviços, no mês de abril de 2019, para recebimento em maio de 2019, no valor de R$ 5.700,00.

Analisando como mês de referência abril, temos os seguintes registros:

Evento	Caixa	Competência
I – Pgto. referente a aluguel de abril e maio	(4.200)	(2.100)
II - Consumo e pgto. de despesas limpeza ref. abril	(1.800)	(1.800)
III – Receb. ref. ao serviço prestado em maio	3.600	0
IV – Serv. Prest. em abril e recebimento em maio	0	5.700
Resultado	**(2.400)**	**1.800**

9

CONTABILIZAÇÃO DE OPERAÇÕES CONTÁBEIS DIVERSAS: JUROS, DESCONTOS, ALUGUÉIS E VARIAÇÃO MONETÁRIA/CAMBIAL

São várias transações que envolvem juros e devem ser reconhecidas pela contabilidade:

- Empréstimos

- Financiamentos

- Rendimentos de aplicações

- Rendimentos de investimentos

- Pagamentos em atraso

- Dentre outros

Ou seja, os juros podem ser considerados **ativos (receita de juros) e passivos (despesa de juros).** Os juros devidos podem ser conhecidos como encargos financeiros ou despesas financeiras e os juros recebidos como receitas financeiras (assunto que veremos mais a frente).

RECEITA DE JUROS (JUROS ATIVOS)

Exemplo 1:

Reconhecimento de receita a prazo proveniente de serviços prestados no valor de R$ 3.000,00:

D Clientes (Ativo)	3.000
C Receita de serviços prestados (Receita)	3.000

Recebimento do valor do serviço prestado com juros de 10% por atraso no pagamento através de cheque:

D Banco (Ativo)	3.300
C Clientes (Ativo)	3.000
C Receita de juros ou Juros ativos (Receita)	300

Exemplo 2:

Aplicação de R$ 100.000,00 em um investimento via transferência bancária:

D Aplicação financeira (Ativo)	100.000
C Banco (Ativo)	100.000

Rendimento de 1% sobre a aplicação no final do mês:

D Aplicação financeira (Ativo)	1.000
C Rendimentos sobre aplicação ou Juros ativos (Receita)	1.000

DESPESA DE JUROS (JUROS PASSIVOS)

Exemplo 1:

Compra a prazo de mercadorias no valor de R$ 50.000,00:

D Mercadorias (Ativo)	50.000
C Fornecedores (Passivo)	50.000

Pagamento da compra com juros de 10% por atraso através de cheque:

D Fornecedores (Passivo)	50.000
C Despesa de juros ou Juros passivos (Despesa)	5.000
C Banco (Ativo)	55.000

9.1. EMPRÉSTIMOS E FINANCIAMENTOS

Quando a entidade toma um empréstimo, deve contabilizar os recursos obtidos no momento em que o dinheiro cai na conta. Se fosse um financiamento a entidade deve contabilizar o valor do bem financiado.

Tendo em vista que, normalmente, as parcelas são pagas posteriormente, os juros incluídos na parcela devem ser segregados em conta específica e **reconhecidos por competência.**

Os juros a serem pagos devem ser reconhecidos como **encargos financeiros a transcorrer** ou **encargos financeiros a apropriar** e funcionam como **retificadora do passivo (natureza devedora).**

Serão apropriados pelo período de duração do empréstimo em contrapartida com a conta de **despesas com juros (juros passivos) ou encargos financeiros.**

Exemplo:

A empresa contraiu um empréstimo de R$ 30.000,00 e pagará R$ 33.000,00 no final do período.

Logo, o lançamento de obtenção do empréstimo será:

D Banco (Ativo)   30.000

D Encargos financeiros a transcorrer (Redutora do passivo)   3.000

C Empréstimos a pagar (Passivo)   33.000

Banco		Empréstimos a pagar		Enc. Fin. a Transc.	
30.000			33.000	3.000	

ATIVO		PASSIVO EXIGÍVEL	
Banco	30.000,00	Empréstimos a pagar	33.000,00
		(-) Enc. Fin. a Transc.	(3.000,00)
		PATRIMÔNIO LÍQUIDO	
TOTAL	**30.000,00**	**TOTAL**	**30.000,00**

Exemplo:

Considerando o pagamento de R$ 3.300,00 na primeira parcela com R$ 300,00 de juros:

Redução do passivo:

D Empréstimos a pagar (Passivo)   3.300

C Banco (Ativo)   3.300

Reconhecimento do encargo financeiro:

D Despesa de juros ou Encargos financeiros (Despesa)   300

C Encargos financeiros a transcorrer (Redutora do passivo)   300

Banco		Empréstimos a pagar	
30.000	3.300	3.300	33.000
26.700			**29.700**

	Despesa de juros		Enc. Fin. a Transc.	
	300		3.000	300
			2.700	

ATIVO		PASSIVO EXIGÍVEL	
Banco	26.700,00	Empréstimos a pagar	29.700,00
		(-) Enc. Fin. a Transc.	(2.700,00)
		PATRIMÔNIO LÍQUIDO	
		(-) Prejuízo do período	(300,00)
TOTAL	**26.700,00**	**TOTAL**	**26.700,00**

DESPESAS E RECEITAS FINANCEIRAS

São consideradas despesas financeiras:

- Juros pagos
- Descontos concedidos (condicionais)

São consideradas receitas financeiras:

- Juros recebidos
- Descontos obtidos

Além disso, existem as transações que envolvem variações cambiais negativas e positivas

9.2. DESCONTOS CONCEDIDOS (CONDICIONAIS)

São descontos concedidos com o objetivo de antecipar o recebimento. Por isso o nome **desconto condicional**, pois se trata de uma condição e não uma obrigatoriedade do cliente pagar antecipadamente.

Por exemplo, uma empresa vendeu R$ 60.000,00 em mercadorias a prazo para receber para daqui a 3 meses.

Considerando que após 1 mês da venda, precisou de caixa e ofereceu ao cliente a possibilidade de pagamento antecipado com 10% de desconto.

Caso aceite, temos o seguinte lançamento:

D Banco (Ativo)	54.000
D Desconto concedido (Despesa financeira)	6.000
C Clientes (Ativo)	60.000

9.3. DESCONTOS RECEBIDOS

É a mesma lógica, sendo que agora no sentido inverso!

Por exemplo, uma empresa comprou R$ 60.000,00 em mercadorias a prazo para pagar para daqui a 3 meses.

Considerando que após 1 mês da compra, o fornecedor precisou de caixa e ofereceu à empresa a possibilidade de pagamento antecipado com 10% de desconto.

Caso aceite, temos o seguinte lançamento:

D Fornecedores (Passivo)	60.000
C Desconto recebido (Receita financeira)	6.000
C Banco (Ativo)	54.000

9.4. **VARIAÇÕES CAMBIAIS**

São variações no valor da moeda nacional em relação à moeda na qual foi realizado o negócio.

Quando ocorrer elevação da taxa de câmbio, as atualizações com base nas taxas cambiais geram **variação cambial passiva (despesa)** nas obrigações e **variação cambial ativa (receita)** nos direitos de crédito.

Quando ocorrer redução da taxa de câmbio, as atualizações com base nas taxas cambiais geram **variação cambial ativa (receita)** nas obrigações e **variação cambial passiva (despesa)** nos direitos de crédito.

Exemplo 1:

Determinada empresa vendeu mercadorias pelo valor de US$ 100.000,00 no dia 10/01 com prazo de recebimento em 5 meses.

O dólar estava cotado a R$ 5,00 na data da venda.

Logo, o registro da venda será de:

D Clientes (Ativo)	500.000
C Receita de vendas (Receita)	500.000

No dia do recebimento, o dólar estava cotado a R$ 4,50.

Logo, a empresa deverá contabilizar uma **variação cambial passiva de R$ 50.000,00 (R$ 0,50 x 100.000,00)**.

Registro do recebimento:

D Banco (Ativo)	450.000
D Variação cambial passiva (Despesa)	50.000
C Clientes (Ativo)	500.000

Exemplo 2:

Determinada empresa adquiriu um equipamento no exterior pelo valor de US$ 100.000,00 no dia 10/01 com prazo de pagamento em 5 meses.

O dólar estava cotado a R$ 5,00 na data da compra.

Logo, o registro da compra será de:

| D Máquinas e Equipamentos (Ativo) | 500.000 |

D Máquinas e Equipamentos (Ativo)   500.000

C Fornecedores (Passivo)   500.000

No dia do pagamento, o dólar estava cotado a R$ 4,50.

Logo, a empresa deverá contabilizar uma **variação cambial ativa de R$ 50.000,00 (R$ 0,50 x 100.000,00)**.

Registro do recebimento:

D Fornecedor (Passivo)   500.000

C Variação cambial ativa (Receita)   50.000

C Banco (Ativo)   450.000

10

CONTABILIZAÇÃO DE OPERAÇÕES CONTÁBEIS DIVERSAS: FOLHA DE PAGAMENTO

Na folha de pagamento, além dos salários dos funcionários, constam também outros valores, tais como: férias, 13º salário, INSS e IRRF descontados dos salários, aviso prévio, valor do desconto relativo ao vale transporte e às refeições e ainda o valor do FGTS incidente sobre os salários.

A contabilização da folha de pagamento de salários deve ser efetuada observando-se o **regime de competência**, ou seja, os salários devem ser contabilizados no mês a que se referem ainda que o seu pagamento seja efetuado no mês seguinte.

Os salários e encargos incidentes sobre os mesmos classificam-se como despesas operacionais, quando referentes a funcionários das áreas comercial e administrativa, e como custo de produção ou de serviços, quando referentes a funcionários dos setores de produção e os alocados na execução de serviços objeto da empresa.

CONTABILIZAÇÃO DAS DESPESAS COM SALÁRIOS:

Despesas com salários de um funcionário que ganha R$ 2.000,00 mensais:

D Salários (Despesa)	2.000
C Salários a pagar (Passivo Circulante)	2.000

10.1. ADIANTAMENTO DE SALÁRIOS

Muitas empresas pagam mensalmente a seus empregados adiantamento salarial correspondente a um percentual sobre o salário nominal.

CONTABILIZAÇÃO DO ADIANTAMENTO SALARIAL (40%):

D Adiantamento Salarial (Ativo Circulante)	800
C Bancos (Ativo Circulante)	800

COMPENSAÇÃO DO ADIANTAMENTO EM OCASIÃO DO PAGAMENTO:

D Salários a Pagar (Passivo Circulante)	800
C Adiantamento Salarial (Ativo Circulante)	800

PAGAMENTO DO VALOR RESTANTE:

D Salários a Pagar (Passivo Circulante)	1.200
C Bancos (Ativo Circulante)	1.200

10.2. ENCARGOS SOBRE A FOLHA

Sobre a folha de pagamento incidem os seguintes encargos (despesas operacionais):

Contribuição Previdenciária Patronal	20%
Salário-Educação	2,5%
SENAC/SESC	1,5%
SENAI/SESI	1%
SEBRAE	0,6%
INCRA	0,2%
Risco de Acidente do Trabalho (RAT)	1 a 3%
FGTS	8%
TOTAL	**34,80% a 36,80%**

Exemplo:

Contabilização do FGTS (8%) e da Contribuição Previdenciária Patronal (20%) sobre o salário de um funcionário que ganha R$ 2.000,00 por mês.

CONTABILIZAÇÃO DOS ENCARGOS SOBRE A FOLHA:

D FGTS sobre salários (Despesa)	160
C FGTS a recolher (Passivo Circulante)	160
D INSS sobre salários (Despesa)	400
C INSS a recolher (Passivo Circulante)	400

10.3. INSS SOBRE SALÁRIO X INSS DESCONTADO

Importante não confundir a contribuição previdência paga pela empresa sobre a folha de pagamento com o desconto do INSS devido por cada funcionário.

Utilizando o valor do exemplo anterior, vamos supor que a contribuição devida desse funcionário será de 9% (R$ 180,00). Neste caso, a empresa efetua o devido desconto e repassa o valor para a previdência, sendo pago o valor líquido.

CONTABILIZAÇÃO DO PAGAMENTO DOS SALÁRIOS:

D Salários a pagar (Passivo Circulante)	180
C INSS a recolher (Passivo Circulante)	180
D Salários a pagar (Passivo Circulante)	1.820
C Bancos (Ativo)	1.820

Para fixar:

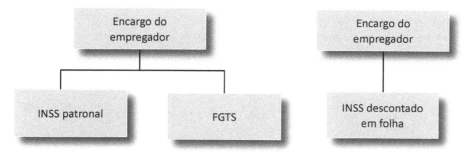

10.4. IRRF

O Imposto de Renda Retido na Fonte segue a mesma lógica de contabilização do que o INSS retido do funcionário.

Exemplo:

Suponha um funcionário com salário de R$ 3.000,00 com desconto de R$ 360,00 relativo ao INSS e R$ 60,00 relativo ao IRRF.

CONTABILIZAÇÃO DAS DESPESAS COM SALÁRIOS:

D Salários (Despesa)	3.000
C Salários a pagar (Passivo Circulante)	3.000

RETENÇÃO DO INSS:

D Salários a pagar (Passivo Circulante)	360
C INSS a recolher (Passivo Circulante)	360

RETENÇÃO DO IRRF:

D Salários a pagar (Passivo Circulante)	60
C IRRF a recolher (Passivo Circulante)	60

PAGAMENTO DO VALOR LÍQUIDO:

D Salários a pagar (Passivo Circulante)	2.580
C Bancos (Ativo Circulante)	2.580

10.5. 13º E FÉRIAS

No caso do valor relativo às férias e ao 13º salário, a empresa deve apropriar estes valores mensalmente (1/12) em obediência ao regime de competência, efetuando a apropriação para o pagamento dessas verbas.

Exemplo: Apropriação de férias e 13º salário do salário de um empregado que ganha R$ 1.440,00

D Férias (Despesa)	120
C Férias a pagar (Passivo Circulante)	120

| D 13º salário (Despesa) | 120 |
| C 13º salário a pagar (Passivo Circulante) | 120 |

IMPORTANTE:

Em relação às férias, além do correspondente ao salário do empregado, a empresa também deve considerar o valor do 1/3 a título de abono de férias (R$ 40,00).

| D 1/3 Férias (Despesa) | 40 |
| C 1/3 Férias a pagar (Passivo Circulante) | 40 |

Ressalte-se que os mesmos encargos incidentes sobre salários incidem sobre as férias, abono de 1/3 e 13º salário.

Com relação à antecipação do 13º salário, o registro segue a mesma lógica do adiantamento de salários.

Considerando um salário de R$ 1.200,00 com apropriações mensais de R$ 100,00 relativos à 13º salário:

Apropriação mensal de janeiro a dezembro

| D 13º salário (Despesa) | 100 |
| C 13º salário a pagar (Passivo Circulante) | 100 |

No adiantamento de 50%

| D – Adiantamento de 13º Salário (Ativo Circulante) | 600 |
| C – Bancos (Ativo Circulante) | 600 |

No pagamento da segunda parcela (Desconsiderando os descontos)

D – 13º salário a pagar (Passivo Circulante)	1.200
C – Bancos (Ativo Circulante)	600
C – Adiantamento de 13º Salário (Ativo Circulante)	600

10.6. **VALE TRANSPORTE**

Normalmente, se adquire o vale-transporte com antecedência, já que o benefício deve ser adiantado ao empregado.

Por exemplo, os vales adquiridos em março, para distribuição aos empregados em abril, terão que ser registrados **como despesa somente em abril, e não em março.**

Na aquisição do vale transporte, debita-se uma conta do ativo e credita-se a conta da origem de recursos respectiva e na entrega do vale-transporte aos funcionários, debita-se a conta do adiantamento de vale transporte e credita-se a conta do ativo utilizada por ocasião da aquisição.

Por ocasião do fechamento mensal da folha de pagamento transferem-se as parcelas adiantadas para **contas de resultado, creditando-se o adiantamento**, contabilizando também a parcela reembolsada pelos empregados.

Passo a passo:

1) Pela aquisição do vale transporte:

D Vale Transporte em Estoque (Ativo Circulante)

C Bancos (Ativo Circulante)

2) Pelo adiantamento dos vales aos empregados:

D Adiantamento a Empregados – Vale Transporte (Ativo Circulante)

C Vale Transporte em Estoque (Ativo Circulante)

3) Pelo registro do uso do vale transporte, conforme folha de pagamento:

D Despesa com Vale Transporte (Conta de Resultado)

C Adiantamento a Empregados – Vale Transporte (Ativo Circulante)

4) Pelo reembolso do uso do vale transporte, por parte dos empregados, conforme folha de pagamento:

D Salários a Pagar (Passivo Circulante)

C (-) Reembolso de Vale Transporte (Conta de Resultado)

Exemplo:

Por exemplo, a empresa adquiriu R$ 1.000,00 em vale-transporte. Determinado funcionário gasta R$ 260,00 por mês e tem salário de R$ 2.000,00, logo, a empresa **desconta 6% do salário (R$ 120,00)** e considera o excesso (R$ 260,00 – R$ 120,00 = **R$ 140,00**) como **despesa efetiva com vale transporte** (vai compor as despesas com folha de pagamento).

Salário do funcionário R$ 2.000,00

Gasto com transporte R$ 260,00

Pode descontar do funcionário 6% x 2.000 = R$ 120,00

Despesa efetiva da empresa R$ 260,00 - R$ 120,00 = **R$ 140,00**

Registros contábeis:

1) Pela aquisição do vale-transporte:

D Vale Transporte em Estoque (Ativo Circulante)	1.000
C Bancos (Ativo Circulante)	1.000

2) Pelo adiantamento dos vales aos empregados:

D Adiantamento a Empregados – Vale Transporte (Ativo Circulante)	260
C Vale Transporte em Estoque (Ativo Circulante)	260

3) Pelo registro do uso do vale transporte, conforme folha de pagamento:

D Despesa com Vale Transporte (Despesa)	260
C Adiantamento a Empregados – Vale Transporte (Ativo Circulante)	260

4) Pelo reembolso do uso do vale transporte, por parte dos empregados, conforme folha de pagamento:

D Salários a Pagar (Passivo Circulante)	120
C (-) Reembolso de Vale Transporte (Resultado)	120

5) Pelo pagamento do valor restante (desconsiderando impostos):

D Salários a Pagar (Passivo Circulante)	1.880
C Bancos (Ativo Circulante)	1.880

10.7. SALÁRIO-FAMÍLIA E SALÁRIO-MATERNIDADE

Salário família é o benefício pago na proporção do respectivo número de filhos ou equiparados de qualquer condição até a idade de quatorze anos ou inválido de qualquer idade, independente de carência e desde que o salário de contribuição seja inferior ou igual ao limite máximo permitido.

Salário maternidade é o benefício a que tem direito as seguradas empregada, empregada doméstica, contribuinte individual e facultativa, por ocasião do parto, da adoção ou da guarda judicial para fins de adoção. A Previdência Social não exige carência para conceder esse benefício.

IMPORTANTE

O pagamento do salário-família, que apesar de ser uma obrigação do Governo, é realizado pela entidade empregadora, a qual terá um crédito tributário contra o Governo, de tal forma que a compensação se dará em contrapartida com as obrigações junto à Previdência Social. O salário-maternidade possui a mesma sistemática.

Exemplo:

Total de despesas com salários:	R$ 100.000,00
Contribuição Previdenciária Patronal (20%):	R$ 20.000,00
Salário Família:	R$ 920,00
Salário Maternidade:	R$ 5.000,00

Como a empresa vai arcar com o salário família e o salário maternidade, o valor a ser recolhido pela empresa ao INSS é de R$ 14.080,00 (R$ 20.000,00 – R$ 920,00 – R$ 5.000,00).

REGISTRO DA DESPESA COM INSS:

D INSS sobre salários	20.000
C INSS a recolher	20.000

CRÉDITO TRIBUTÁRIO:

D INSS a recolher	5.920
C Salário Família a pagar	920
C Salário Maternidade a pagar	5.000

RECOLHIMENTO EFETIVO AO INSS:

D INSS a recolher	14.080
C Bancos	14.080

PAGAMENTO DOS SALÁRIOS FAMÍLIA E MATERNIDADE:

D Salário Família a pagar	920
D Salário Maternidade a pagar	5.000
C Bancos	5.920

11

CONTABILIZAÇÃO DE OPERAÇÕES CONTÁBEIS DIVERSAS: DEPRECIAÇÃO, AMORTIZAÇÃO, EXAUSTÃO E BAIXA DE BENS

Depreciação é o declínio do potencial gerador de benefícios econômicos por ativos de longa duração (imobilizados), ocasionada pelos seguintes fatores:

a) Deterioração física

b) Desgastes com uso e

c) Obsolescência

Em função desses fatores, faz-se necessária a devida apropriação do consumo desses ativos ao resultado do período, através da depreciação, atendendo o princípio da competência, tendo como contrapartida uma conta redutora do ativo (patrimonial).

IMPORTANTE: Os terrenos não devem ser depreciados

A depreciação dos bens **utilizados na produção será custo**, enquanto a depreciação dos demais bens há de ser registrada como despesa operacional.

O lançamento correto como despesa é:

D Depreciação (Conta de Resultado)

C Depreciação acumulada (Redutora do Ativo)

Para efetuar-se a depreciação é necessário que a base monetária inicial seja confiável.

O lançamento correto como custo é:

D Depreciação (Estoque)

C Depreciação acumulada (Redutora do Ativo)

Exemplo:

Determinada entidade adquiriu um veículo por R$ 100.000,00.

O veículo será utilizado pelo setor de vendas.

Considerando que a vida útil estimada desse veículo é de 20% ao ano, deve ser realizada a seguinte contabilização:

D Depreciação (Conta de Resultado)   20.000

C Depreciação acumulada (Redutora do Ativo)   20.000

> **IMPORTANTE:** O registro da depreciação deve ser feito mensalmente (Para fins didáticos estamos apresentando por ano)

11.1. GASTOS COM MANUTENÇÃO PERIÓDICA

Os ativos imobilizados estão sujeitos à depreciação no decorrer da sua vida útil e as **manutenções adequadas desses ativos não interferem na aplicação da depreciação.**

Dessa forma, devem ser registradas como despesas no período.

Exemplo:

Gastos com manutenção periódica de equipamentos no valor de R$ 10.000

D Manutenção de equipamentos   10.000

C Banco   10.000

11.2. SUBSTITUIÇÃO DE PEÇAS OU REPAROS

Os gastos incorridos com reparos ou substituição de peças que **resultem em aumentos de vida útil devem ser incorporados ao valor do bem para fins de depreciação.**

Exemplo:

Determinado equipamento adquirido por R$ 80.000,00 com vida útil estimada em 10 anos (10% ao ano).

Registro da depreciação anual:

D Depreciação	8.000
C Depreciação acumulada	8.000

No final do 8º ano, a entidade apresentará a seguinte informação no balanço patrimonial:

Equipamento	80.000
(-) Depreciação acumulada	(64.000)
Valor contábil líquido	16.000

Nesse mesmo período, a entidade substitui uma peça que estava apresentando defeito que custou R$ 4.000,00. Após a troca da peça, a máquina estenderá sua vida útil por mais 2 anos.

Dessa forma, o equipamento continuará funcionando por 4 anos (2 anos finais + 2 anos de extensão). Logo, o gasto com substituição será incluído no valor contábil do equipamento que terá valor total de R$ 84.000,00 (R$ 80.000,00 + R$ 4.000,00)

Sendo assim, a depreciação precisará ser refeita:

Novo valor do equipamento	84.000
(-) Depreciação acumulada	(64.000)
Novo valor contábil líquido	20.000

No valor de depreciação a partir do 9º ano:

Novo valor contábil líquido / Vida útil esperada

20.000 / 4 = 5.000

D Depreciação	5.000
C Depreciação acumulada	5.000

Final do 9º ano:

Equipamento	84.000
(-) Depreciação acumulada	**(69.000)**
Novo valor contábil líquido	**15.000**

11.3. AMORTIZAÇÃO

É a redução do valor aplicado na aquisição **de direitos de propriedade e quaisquer outros, inclusive ativos intangíveis,** com existência ou exercício de **duração limitada,** ou cujo objeto sejam bens de utilização por prazo legal ou contratualmente limitado.

Só podem ser amortizados os **ativos intangíveis que tenha vida útil definida**.

À amortização se aplicam os mesmos métodos e procedimentos práticos da depreciação.

A principal distinção entre esses dois encargos é que, enquanto a depreciação incide sobre os **bens físicos (corpóreos), a amortização relaciona-se com os bens incorpóreos.**

O lançamento correto será:

D Amortização (Conta de Resultado)

C Amortização acumulada (Redutora do Ativo)

IMPORTANTE:

Os ativos intangíveis que tiverem vida útil ilimitada não sofrem amortização.

Determinada empresa adquiriu uma licença de determinado software por 5 anos que custou R$ 20.000,00.

Nesse sentido, o registro da amortização anual será de:

20.000 / 5 anos = 4.000,00

| D Amortização | 4.000 |
| C Amortização acumulada | 4.000 |

11.4. **EXAUSTÃO**

A exaustão é utilizada **para recursos minerais ou florestais, ou bens aplicados nessa exploração.**

Deve ser calculada com base na quantidade efetivamente explorada no ano do recurso mineral ou florestal.

Caso o prazo de **exploração for insuficiente para esgotar os recursos**, a exaustão deve ser calculada em **função do prazo de concessão.**

O lançamento correto será:

D Custo do recurso extraído (Ativo)

C Exaustão acumulada (Redutora do Ativo)

Exemplo:

Determinada jazida de minério de ferro possui com capacidade de produção de 500.000 toneladas foi registrada contabilmente pelo ente por R$ 1.000.000,00.

Considerando que em determinado período, houve uma extração de 40.000 toneladas.

O cálculo da exaustão da jazida nesse período será:

40.000 / 500.000 = 8%

Exaustão = 8% de 1.000.000,00 = **80.000,00**

| D Custo do minério extraído (Ativo) | 80.000 |
| C Exaustão acumulada (Redutora do Ativo) | 80.000 |

IMPORTANTE:

Os bens utilizados na extração sofrem **depreciação**

Os direitos de exploração sofrem **exaustão**

As jazidas **inesgotáveis ou de exaurimento indeterminável**, como as de água mineral, **não sofrem exaustão.**

11.5. **BAIXA DE BENS**

É comum que a baixa de bens imobilizados a partir da venda ocasione perda ou ganho de capital por conta das diferenças entre os valores de mercado do ativo e seus valores contábeis líquidos de depreciação.

Exemplo:

Determinado ativo foi adquirido por R$ 120.000,00 e após 6 anos de uso foi vendido por R$ 80.000,00. Na data da transação, a depreciação acumulada do ativo totalizava R$ 60.000,00.

Logo, foi apurado um ganho de capital.

Valor contábil líquido de depreciação:	R$ 60.000,00
Valor de venda:	R$ 80.000,00
Ganho na operação:	R$ 20.000,00

Contabilização:

D Banco	80.000,00
C Ativo imobilizado	60.000,00
C Ganho de capital	20.000,00

12

CONTABILIZAÇÃO DE OPERAÇÕES CONTÁBEIS DIVERSAS: OPERAÇÕES COM MERCADORIAS (COMPRAS)

Os **materiais** (matéria-prima e insumos) e as **mercadorias** correspondem, em geral, pelas principais contas de **ativo** (representadas pelas contas de estoque) nas empresas industriais e comerciais, respectivamente.

Diante disso, é fundamental o conhecimento de todos os gastos necessários na aquisição de materiais e mercadorias para produção e revenda de um bem para posterior escrituração.

12.1. CUSTO DE AQUISIÇÃO

De acordo com o **CPC 16 (Estoques)** o valor de custo do estoque deve incluir todos os **custos de aquisição e de transformação**, bem como outros custos incorridos para trazer os estoques à sua condição e localização atuais.

O custo de aquisição dos estoques compreende o preço de compra, os impostos de importação e outros tributos, bem como os custos de transporte, seguro, manuseio e outros diretamente atribuíveis à aquisição de produtos acabados, materiais e serviços.

Os descontos e abatimentos sobre as compras devem ser deduzidos do custo de aquisição.

12.2. CUSTOS DE TRANSFORMAÇÃO

Incluem os custos diretamente relacionados com as unidades produzidas ou com as linhas de produção, como pode ser o caso da **mão de obra direta.**

Também incluem a alocação sistemática de **custos indiretos de produção, fixos e variáveis**, que sejam incorridos para transformar os materiais em produtos acabados.

12.3. TRIBUTOS RECUPERÁVEIS

São aqueles pagos na aquisição de materiais ou mercadorias, os **quais podem ser utilizados para abatimento de eventual imposto a recolher.**

Não integram o custo de aquisição, que, na atividade industrial, podem ser o ICMS e o IPI, além do PIS e da COFINS, quando não cumulativos (Empresas de lucro real). Na atividade comercial são recuperáveis apenas o ICMS, além do PIS e da COFINS, **quando não cumulativos (Empresas de lucro real).**

Exemplo:

Compra de mercadorias pelo valor de R$ 100,00

20% de impostos recuperáveis na compra (R$ 20,00)

Venda das mercadorias pelo valor de R$ 300,00

20% de impostos na venda (R$ 60,00)

Logo, a empresa poderá utilizar os R$ 20,00 da compra para abater da venda, pagando apenas R$ 40,00 (Por ser um direito, é conta de ativo).

RESUMO DO CUSTO DE AQUISIÇÃO

Preço de Compra

(-) Descontos/Abatimentos

(-) Impostos Recuperáveis

(+) Impostos não Recuperáveis

(+) Impostos de Importação

(+) Frete/Seguro

(+) Demais gastos diretamente atribuíveis

= Custo de aquisição

Mão de obra direta

(+) Custos Indiretos

= Custos de transformação

12.4. FORMA COMO OS TRIBUTOS SÃO COBRADOS

Tanto o ICMS quanto o PIS e a COFINS são tributos cobrados "por dentro" do preço.

O IPI é considerado um tributo cobrado "por fora" do preço.

Considerando a compra de uma mercadoria que incidem esses impostos e que o preço seja de R$ 100,00 e as alíquotas de ICMS, PIS, COFINS e IPI são respectivamente 18%, 1,65%, 7,6% e 10%, teríamos a seguinte situação:

Preço: R$ 100,00 (Já incluído R$ 18,00 de ICMS, R$ 1,65 de PIS e R$ 7,60 de COFINS) + IPI de 10% sobre R$ 100,00 = R$ 10,00.

Total desembolsado = R$ 110,00 (Esse valor não é o custo de aquisição, que vai variar conforme o segmento empresarial).

12.5. ICMS

O **ICMS** (Imposto sobre Operações relativas à Circulação de Mercadorias e Prestação de Serviços de Transporte Interestadual e Intermunicipal e de Comunicação) é um Imposto Estadual sob Administração Estadual Brasileiro, ou seja, somente os governos dos Estados e do Distrito Federal têm competência para instituí-lo.

É **recuperável** nas aquisições de matérias-primas, bens e mercadorias (pelas empresas industriais e comerciais) sujeitas à industrialização e comercialização.

Todavia, **não é recuperável** quando for devido em itens de uso e consumo, na compra por substituição tributária ou ICMS de empresa adquirente optante pelo Simples Nacional.

12.6. IPI

O **IPI** (Imposto sobre produtos industrializados) é um imposto federal, ou seja, somente a União pode instituí-lo ou modificá-lo.

É **recuperável** nas aquisições de matérias-primas e demais bens (pelas empresas industriais) **sujeitas à industrialização.**

Todavia, **não é recuperável** nas aquisições de **material para uso ou consumo** da indústria, assim como nas **empresas comerciais.**

Nesses casos, o IPI deve integrar o **custo de aquisição.**

Exemplo 1:

Considerando uma compra a prazo realizada por uma **empresa industrial** de 100 unidades de matérias-primas para industrialização a R$ 10,00 cada, acrescida de 10% de IPI e com o ICMS de 20% já incluído, temos as seguintes informações na nota fiscal emitida pelo fornecedor:

Matérias-primas: 100 unidades X R$ 10,00 por unidade	R$ 1.000,00
IPI - 10%	R$ 100,00
ICMS já incluído no valor da operação à alíquota de 20% R$ 200,00	
Total da nota fiscal	**R$ 1.100,00**

Contabilização:

D Estoques de Matérias-primas (Ativo)	R$ 800,00
D ICMS a Recuperar (Ativo)	R$ 200,00
D IPI a Recuperar (Ativo)	R$ 100,00
C Fornecedores (Passivo)	R$ 1.100,00

Calculando o custo de aquisição de cada unidade: R$ 800/100 unidades = R$ 8,00

Exemplo 2:

Considerando uma compra a prazo realizada por uma **empresa comercial** de 100 unidades de uma mercadoria para comercialização a R$ 10,00 cada, acrescida de 10% de IPI e com o ICMS de 20% já incluído, temos as seguintes informações na nota fiscal emitida pelo fornecedor:

Matérias-primas: 100 unidades X R$ 10,00 por unidade		R$ 1.000,00
IPI - 10%		R$ 100,00
ICMS já incluído no valor da operação à alíquota de 20%	R$ 200,00	
Total da nota fiscal		**R$ 1.100,00**

Contabilização:

D Estoques de Mercadorias (Ativo)   R$ 900,00

D ICMS a Recuperar (Ativo)   R$ 200,00

C Fornecedores (Passivo)   R$ 1.100,00

Calculando o custo de aquisição de cada unidade: R$ 900/100 unidades = R$ 9,00

Exemplo 3:

Considerando uma compra a prazo realizada por uma empresa comercial de 100 unidades de uma mercadoria para uso e consumo a R$ 10,00 cada, com o ICMS de 20% já incluído, temos as seguintes informações na nota fiscal emitida pelo fornecedor:

Matérias-primas: 100 unidades X R$ 10,00 por unidade		R$ 1.000,00
IPI - 10%		R$ 100,00
ICMS já incluído no valor da operação à alíquota de 20%	R$ 200,00	
Total da nota fiscal		**R$ 1.100,00**

Contabilização:

D Estoque de Materiais de consumo (Ativo)   R$ 1.100,00

C Fornecedores (Passivo)   R$ 1.100,00

Calculando o custo de aquisição de cada unidade: R$ 1.100/100 unidades = R$ 11,00

Resumo

Operações	Recuperação do ICMS	Recuperação do IPI
Compra para revenda	Sim	Não
Compra de matéria-prima	Sim	Sim
Compra de material de uso e consumo	Não	Não

12.7. DESCONTOS INCONDICIONAIS/ABATIMENTOS

Caso ocorram **descontos incondicionais (comerciais) e abatimentos**, estes são considerados **deduções do preço de compra.**

Neste caso, o lançamento é feito com base no valor líquido de aquisição, estando de acordo com o princípio contábil do registro pelo valor original.

Exemplo: Compra à vista de 100 quilos de matéria-prima por uma indústria cujo preço do quilo era de R$ 20,00 com IPI 10% e ICMS de 20%. Devido ao grande volume comprado o fornecedor ofereceu um desconto de 5% sobre o valor total da operação:

Contabilização sem Desconto		Contabilização com Desconto	
D Matéria-Prima (Ativo)	1.600	D Matéria-Prima (Ativo)	1.520
D ICMS a recuperar (Ativo)	400	D ICMS a recuperar (Ativo)	380
D IPI a recuperar (Ativo)	200	D IPI a recuperar (Ativo)	190
C Banco (Ativo)	2.200	C Banco (Ativo)	2.090

12.8. DESCONTOS CONDICIONAIS

Caso houvesse **descontos financeiros (condicionais),** obtidos, por exemplo, na antecipação do pagamento de duplicatas relativas à aquisição de matérias-primas, não devem ser abatidos do custo de aquisição dos bens. O correto seria lançá-los como receita financeira, diretamente no resultado do exercício, mantendo-se os estoques registrados pelo valor bruto de aquisição.

Exemplo: Pagamento antecipado relativo à duplicata de R$ 1.000,00, com desconto financeiro obtido de R$ 100,00, será lançado da seguinte forma:

D Fornecedores (Passivo)	R$ 1.000,00
C Caixa (Ativo)	R$ 900,00
C Descontos Financeiros Obtidos (Receita)	R$ 100,00

12.9. **FRETE E SEGURO**

São gastos incorridos pelo serviço contratado de transporte e guarda de material ou mercadoria adquiridas, **sendo adicionados ao custo de aquisição.**

Formam base de cálculo tanto para ICMS quanto para IPI (Caso o serviço seja realizado pelo próprio vendedor e inserido na NF).

Quando o serviço de frete é feito por uma transportadora, será emitida uma NF específica de transporte apenas com o ICMS sobre frete.

Quando o transporte é executado pelo próprio comprador, obviamente não há incidência de impostos sobre frete.

Exemplo 1:

Consideremos que uma indústria tenha comprado a prazo R$ 1.000 em matérias-primas para industrialização e a empresa vendedora realiza o frete cobrando R$ 200,00 incluída na NF. Supondo que as alíquotas de ICMS e IPI sejam respectivamente 20% e 10%, temos as seguintes informações na nota fiscal emitida pelo fornecedor:

Matérias-primas		R$ 1.000,00
Frete		R$ 200,00
IPI- 10%		R$ 120,00
ICMS já incluído no valor da operação à alíquota de 20%	R$ 240,00	
Total da nota fiscal		**R$ 1.320,00**

Contabilização:

D Estoques de Matérias-primas (Ativo)	R$ 960,00
D ICMS a Recuperar (Ativo)	R$ 240,00

D IPI a Recuperar (Ativo)   R$ 120,00

C Fornecedores (Passivo)   R$ 1.320,00

Exemplo 2:

Consideremos que uma indústria tenha comprado a prazo R$ 1.000 em matérias-primas e contratado um transportador para realizar o transporte interestadual, pagando-lhe R$ 200,00. Nesse caso, o ICMS incidiu na operação com as matérias-primas e na prestação de serviço de transporte interestadual. Os dados da nota fiscal emitida pelo fornecedor das matérias-primas são:

Matérias-primas		R$ 1.000,00
IPI- 10%		R$ 100,00
ICMS já incluído no valor da operação à alíquota de 20%	R$ 200,00	
Total da nota fiscal		**R$ 1.100,00**

Eis os dados da nota fiscal emitida pelo transportador:

Prestação de serviço de transporte interestadual		R$ 200,00
ICMS já incluído no valor da operação à alíquota de 20%	R$ 40,00	
Total da nota fiscal		**R$ 200,00**

Lançamento contábil feito pelo comprador das matérias-primas e usuário do serviço de transporte:

D Estoques de Matérias-primas   R$ 960,00

D IPI a recuperar   R$ 100,00

D ICMS a Recuperar   R$ 240,00

C Fornecedores   R$ 1.300,00

Neste caso, o valor lançado no estoque, como custo de aquisição, inclui a matéria-prima e o serviço de terceiros sem o ICMS.

13

CONTABILIZAÇÃO DE OPERAÇÕES CONTÁBEIS DIVERSAS: OPERAÇÕES COM MERCADORIAS (VENDAS)

Nas vendas de produtos e mercadorias existe a incidência dos mesmos impostos que incidem na compra, porém gerando **deduções da receita** (contas devedoras) e **impostos a recolher** (passivos) que serão confrontados com os impostos recuperáveis sobre compras.

Além disso, na venda de mercadorias, é fundamental a baixa dos estoques através da conta **custo de vendas,** podendo ser:

Custo das mercadorias vendidas – Empresas comerciais

Custo dos produtos vendidos – Empresas industriais

Custo dos serviços prestados – Empresas prestadoras de serviços

Exemplo:

Determinada empresa industrial adquiriu matérias-primas a prazo para industrialização pelo valor de R$ 40.000,00.

O ICMS de 20% está incluído no valor da compra

O IPI de 5% deverá ser adicionado ao valor da compra.

Logo, temos:

Matéria-prima	40.000,00
(+) IPI (5%)	2.000,00
Valor desembolsado	**42.000,00**

Sendo o ICMS de 20% sobre o preço (8.000,00) recuperável e o IPI também recuperável (2.000) temos:

Valor desembolsado	**42.000,00**
(-) ICMS a recuperar	(8.000,00)
(-) IPI a recuperar	(2.000,00)
Custo de aquisição	**32.000,00**

Lançamento contábil:

D Estoques de MP	32.000,00
D ICMS a recuperar	8.000,00
D IPI a recuperar	2.000,00
C Fornecedores	42.000,00

Supondo que esta matéria-prima passou por um processo de industrialização e foi toda consumida juntamente com os demais custos de transformação (Mão de obra direta + Custos Indiretos) e o custo total de produção foi de R$ 50.000,00.

Considerou-se que toda a produção foi vendida e inexistiam saldos iniciais e finais.

Lançamento contábil dos fatores de produção:

D Estoque de produto acabado	50.000,00
C Estoques de MP	32.000,00
C Custos de transformação	18.000,00

A empresa vendeu à vista todos os produtos produzidos pelo valor de R$ 100.000,00 com incidência de ICMS e IPI nas alíquotas de 20% (por dentro) e 5% (por fora) respectivamente.

Lançamento do reconhecimento da receita:

D Banco (Ativo)	105.000,00
C Receita (Receita)	105.000,00

Lançamento do reconhecimento das deduções da receita:

D IPI sobre vendas (Dedução da Receita)	5.000,00

C IPI a recolher (Passivo)	5.000,00
D ICMS sobre vendas (Dedução da Receita)	20.000,00
C ICMS a recolher (Passivo)	20.000,00

Lançamento contábil do estoque sendo baixado:

| D Custo dos produtos vendidos | 50.000,00 |
| C Estoque de produto acabado | 50.000,00 |

Elaboração na DRE

Faturamento Bruto	**105.000**
(-) IPI sobre vendas	(5.000)
Receita Bruta	**100.000**
(-) ICMS sobre vendas	(20.000)
Receita Líquida	**80.000**
(-) CPV	(50.000)
Lucro Bruto	**30.000**

Como a empresa realizará a apuração dos impostos?

Impostos a recuperar (da compra)

ICMS de 8.000,00

IPI de 2.000,00

Impostos a recolher (da venda)

ICMS de 20.000,00

IPI de 5.000,00

A empresa poderá utilizar todo o valor dos impostos a recuperar para abater nos impostos de venda (a recolher)

Logo:

Apuração do ICMS

ICMS a recolher	20.000,00
(-) ICMS a recuperar	(8.000,00)
ICMS efetivo a recolher	**12.000,00**

Apuração do IPI

IPI a recolher	5.000,00
(-) IPI a recuperar	(2.000,00)
IPI efetivo a recolher	**3.000,00**

Como ficam os registros contábeis?

D ICMS a Recolher (Passivo)	8.000,00
C ICMS a Recuperar (Ativo)	8.000,00
D IPI a Recolher (Passivo)	2.000,00
C IPI a Recuperar (Ativo)	2.000,00

Seguem os razonetes de apuração dos impostos:

IPI a Recuperar		ICMS a Recuperar		IPI a Recolher		ICMS a Recolher	
2.000,00	2.000,00	8.000,00	8.000,00	2.000,00	5.000,00	8.000,00	20.000,00
					3.000,00		**12.000,00**

14

CONTABILIZAÇÃO DE OPERAÇÕES CONTÁBEIS DIVERSAS: DESPESAS E RECEITAS ANTECIPADAS, DUPLICATAS DESCONTADAS E PERDAS ESTIMADAS COM CRÉDITO DE LIQUIDAÇÃO DUVIDOSA

Nesse capítulo, trataremos de 04 assuntos diferentes e bem específicos que costumam cair em provas, são eles:

- Despesas antecipadas

- Receitas antecipadas

- Duplicatas descontadas

- Perdas estimadas com crédito de liquidação duvidosa

14.1. DESPESAS ANTECIPADAS

Despesas antecipadas são pagamentos realizados com antecedência, mas que se referem a períodos de **competência subsequentes.**

Ou seja, o pagamento foi realizado antes da ocorrência do fato gerador!

Exemplos: Prêmios de seguro pagos antecipadamente, aluguéis pagos antecipadamente, assinaturas de periódicos e anuidades etc.

Como a empresa obtém um direito de utilização ou consumo de determinado bem ou serviço, as despesas antecipadas são **registradas inicialmente no ativo.**

Conforme o bem ou serviço for sendo consumido de acordo com o fato gerador, a empresa dará baixa dos valores registrados inicialmente no ativo e **reconhecerá as despesas proporcionalmente no resultado**, de forma a obedecer ao regime de competência.

Exemplo:

Contratação de seguro à vista por R$ 1.800,00 com vigência de 12 meses

Contabilização da Contratação do Seguro:

D Prêmio de Seguros e Vencer (Ativo Circulante)   1.800

C Banco (Ativo Circulante)   1.800

Ou seja, a empresa pagou antecipadamente 12 meses de utilização de seguro pelo valor de R$ 1.800,00.

Logo, poderá apropriar mensalmente para o resultado o valor de 150,00 (1.800 / 12 meses)

Passado o primeiro mês, a empresa deverá baixar 1/12 do valor registrado no ativo e reconhecer como despesa do exercício:

Após 1 mês de utilização do seguro:

D Despesas Prêmio de Seguros (Resultado)   150

C Prêmio de Seguros e Vencer (Ativo Circulante)   150

Logo, o saldo da conta Prêmio de Seguros a Vencer será de **1.650,00** (1.800 – 150)

14.2. RECEITAS ANTECIPADAS

São recebimentos antecipados provenientes de receitas que ainda não foram reconhecidas, ou seja, referem-se a períodos de **competência subsequentes.**

Exemplos: Aluguéis recebidos antecipadamente, adiantamento de clientes etc...

Seguem a mesma lógica das "despesas antecipadas", sendo o valor recebido debitado e a **contrapartida registrada no passivo.**

Exemplo:

Determinada empresa recebeu antecipadamente o valor de R$ 20.000,00 cuja prestação de serviço só vai ocorrer daqui a 2 meses:

No ato do recebimento:

D Banco (Ativo Circulante)	20.000
C Adiantamento de Clientes (Passivo Circulante)	20.000

Após a prestação serviço:

D Adiantamento de Clientes (Passivo Circulante)	20.000
C Receita de prestação de serviço (Resultado)	20.000

14.3. DUPLICATAS DESCONTADAS

Nas vendas a prazo, a empresa pode emitir duplicatas (título de crédito, pelo qual o comprador se obriga a pagar dentro do prazo a importância representada na fatura).

Entretanto, se a empresa necessitar do recurso de maneira antecipada, pode ir ao **banco solicitando um adiantamento dando como garantia as duplicatas.**

Nesse caso, o banco pode ficar com a duplicata e descontar do valor total os juros e encargos relativos à operação, entregando a empresa o valor líquido.

Caso o cliente não pague, dependendo do contrato o banco pode cobrar a duplicata ou devolve a duplicata para que a empresa cobre pelos meios legais.

Nesse caso, a empresa deverá pagar ao banco através de outros recursos.

Esquematização

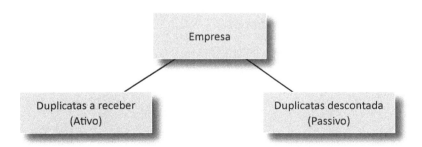

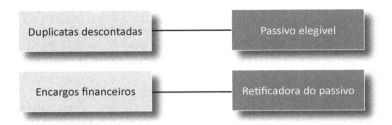

Exemplo:

Em 01/05/X1, a empresa vendeu a prazo mercadorias por R$ 1.000,00 para receber em 30 dias:

D Duplicatas a receber (Ativo Circulante)	1.000
C Receita de Vendas (Receita)	1.000

No mesmo dia, descontou as duplicatas no Banco Alfa com encargos de R$ 100,00:

D Bancos Conta Movimento (Ativo Circulante)	900
D Encargos Financeiros a Transcorrer (Ret. do Passivo Circulante)	100
C Duplicatas Descontadas (Passivo Circulante)	1.000

Em 31/05/X1, o cliente liquidou a obrigação:

D Duplicatas Descontadas (Passivo Circulante)	1.000
C Duplicatas a receber (Ativo Circulante)	1.000

Caso o cliente não liquide a obrigação:

D Duplicatas Descontadas (Passivo Circulante)	1.000
C Bancos (Ativo Circulante)	1.000

Apropriação dos juros em 31/05/X1:

D Despesas financeiras (Despesas)	100
C Encargos Financeiros a Transcorrer (Ret. do Passivo Circulante)	100

14.4. PERDAS ESTIMADAS COM CRÉDITO DE LIQUIDAÇÃO DUVIDOSA

Devem ser reconhecidas na contabilidade a parcela estimada **que a empresa tem a expectativa de não receber em decorrência dos maus pagadores** (antiga provisão para crédito de liquidação duvidosa).

Nesse sentido, o valor das perdas estimadas com crédito de liquidação duvidosa deve ser feito de forma **retrospectiva**, ou seja, com base em perdas anteriores.

Seguem as contabilizações previstas nessas transações:

CONTABILIZAÇÕES:

Constituição:

D Despesas com PECLD   (Despesa)

C PECLD   (Redutora do Ativo)

Reversão:

D PECLD   (Redutora do Ativo)

C Receita de reversão da PECLD   (Receita)

Caso a perda seja confirmada, a mesma deverá ser registrada:

Confirmação da perda:

D PECLD   (Redutora do Ativo)

C Clientes   (Ativo)

Se a perda for maior que a estimada, uma nova contabilização deve ser efetuada:

Perda Adicional:

D PECLD   (Redutora do Ativo)

D Despesa Adicional PECLD   (Resultado)

C Clientes   (Ativo)

Exemplo:

1 – A empresa vende R$ 200.000,00 em mercadorias para 120 dias e estima não receber 15% das vendas

2 – Após o prazo de 120 dias, a empresa recebeu 90% do valor vendido.

3 - Foi confirmada a perda do valor restante.

Venda a prazo:

D Clientes	200.000
C Receita de vendas	200.000

Constituição da perda de 15%:

D Despesas com PECLD	30.000
C PECLD	30.000

Reversão de 5%:

D PECLD	10.000
C Receita de reversão da PECLD	10.000

Confirmação da perda de 10%:

D PECLD	20.000
C Clientes	20.000

Resumo

Clientes		Receita Vendas	Despesa PECLD	PECLD		Reversão PECLD
200.000	20.000	200.000	30.000	10.000	30.000	10.000
180.000				20.000	20.000	
					0	

15
BALANCETE DE VERIFICAÇÃO

É um demonstrativo auxiliar que verifica se a soma dos saldos devedores é igual à soma dos saldos credores (incluindo contas patrimoniais e de resultado).

Fundamental para verificar se o método de partidas dobradas está sendo observado pela escrituração da empresa.

No entanto, cabe ressaltar que o fato de o somatório dos saldos devedores ser igual ao somatório dos saldos credores **não significa que a escrituração está 100% correta.**

Possui a relação de contas extraídas do **livro razão (razonetes)** com seus respectivos saldos finais.

Devem constar contas patrimoniais, de resultado e redutoras (retificadoras).

Ou seja, o balancete auxilia na elaboração da Demonstração do Resultado do Exercício (DRE) e do Balanço Patrimonial (BP).

São elementos mínimos que devem constar no balancete:

a) identificação da Entidade

b) data a que se refere

c) abrangência

d) identificação das contas e respectivos grupos

e) saldos das contas, indicando se devedores ou credores

f) soma dos saldos devedores e credores

Existem basicamente 4 tipos de balancetes:

- 2 colunas (Saldo Final)

- 4 colunas (Movimento e saldo Final)

- 6 colunas (Saldo Inicial, movimento e saldo Final)

- 8 colunas (Saldo anterior, movimento do período, saldo do período e saldo atual)

Para fins didáticos, vamos utilizar o de 2 colunas:

Cia. XXX			
Balancete Mensal de Verificação - XX/XXXX			
Contas	Classificação	Débito	Crédito
Total			

Seguem os saldos das contas da empresa XYZ no ano de 2017:

Caixa	4.800,00
Bancos	10.200,00
Clientes	15.400,00
Máquinas e Equipamentos	32.000,00
Fornecedores	17.800,00
Empréstimos a pagar de longo prazo	10.100,00
Capital Social	28.000,00

Despesas com salários	25.000,00
Despesas com Depreciação	10.000,00
Depreciação Acumulada Máquinas	10.000,00
Receita de Vendas	120.000,00
Custo da mercadoria vendida	34.000,00
Salários a pagar	25.000,00
PCLD	8.000,00
Softwares	25.500,00
Despesas com PCLD	8.000,00
Participações Societárias	54.000,00

Com base nas informações acima, elaborou-se o balancete:

Cia. XYZ			
Balancete Mensal de Verificação – 2017			
Contas	Classificação	Débito	Crédito
Caixa	Ativo	4.800,00	
Bancos	Ativo	10.200,00	
Clientes	Ativo	15.400,00	
Máquinas e Equipamentos	Ativo	32.000,00	
Fornecedores	Passivo	-	17.800,00
Empréstimos a pagar de longo prazo	Passivo	-	10.100,00
Capital Social	Patrimônio Líquido	-	28.000,00
Despesas com salários	**Despesa**	25.000,00	
Despesas com Depreciação	**Despesa**	10.000,00	
Depreciação Acumulada Máquinas	*Redutora (Ativo)*		10.000,00
Receita de Vendas	**Receita**		120.000,00
Custo da mercadoria vendida	**Custo**	34.000,00	
Salários a pagar	Passivo		25.000,00
PCLD	*Redutora (Ativo)*		8.000,00

Cia. XYZ			
Balancete Mensal de Verificação – 2017			
Contas	Classificação	Débito	Crédito
Marcas e Patentes	Ativo	25.500,00	
Despesas com PCLD	**Despesa**	8.000,00	
Participações Societárias	Ativo	54.000,00	
Total		**218.900,00**	**218.900,00**

15.1. APURAÇÃO DO RESULTADO DO EXERCÍCIO (ARE)

Importante ressaltar que o resultado do exercício deve ser realizado por uma conta transitória chamada **Apuração do Resultado do Exercício (ARE)**, que recebe as contas de resultado (as quais são zeradas) a partir de lançamentos contábeis contrários a sua natureza para poder zerar seus saldos.

Exemplos:

D Apuração do Resultado do Exercício	25.000
C Despesa com salários	25.000
D Receita de Vendas	120.000
C Apuração do Resultado do Exercício	120.000

Após o lançamento das contas no balancete, deve-se apurar o resultado:

APURAÇÃO DO RESULTADO

Despesas	Receitas
25.000,00	120.000,00
10.000,00	
34.000,00	
8.000,00	
77.000,00	120.000,00
43.000,00	(Lucro do período)

Após apurado o resultado, a empresa tem condições de elaborar a **Demonstração do Resultado do Exercício (DRE).**

A transição do resultado para o Balanço Patrimonial é feita por uma conta patrimonial chamada Resultado do Exercício, a qual pode ser lucro ou prejuízo.

Como tivemos lucro e aumentará o patrimônio líquido, terá natureza credora e vai zerar a conta Apuração do Resultado do Exercício com um lançamento devedor.

D Apuração do Resultado do Exercício   43.000

C Resultado do Exercício   43.000

Com o advento da Lei 11.638/2007, os lucros não podem mais ser acumulados (somente os prejuízos), logo o lucro precisa ter uma destinação (falaremos sobre isso mais a frente).

Nesse caso, a empresa vai constituir reservas de lucros, logo, deve zerar a conta "Resultado do Exercício" com um lançamento devedor e creditar a conta "Reserva de Lucros".

D Resultado do Exercício   43.000

C Reserva de Lucros   43.000

Por último, o fechamento do balanço patrimonial:

ATIVO		PASSIVO EXIGÍVEL	
Caixa	4.800,00	Fornecedores	17.800,00
Banco	10.200,00	Salários a pagar	25.000,00
Clientes	15.400,00	Empréstimos a pagar de LP	10.100,00
(-) PCLD	(8.000,00)		
Participações Societárias	54.000,00		
Máquinas e Equipamentos	32.000,00		
(-) Deprec. Acum.	(10.000,00)	**PATRIMÔNIO LÍQUIDO**	
Marcas e Patentes	25.500,00	Capital Social	28.000,00
		Reserva de Lucros	43.000,00
TOTAL	**123.900,00**	**TOTAL**	**123.900,00**

RESUMO

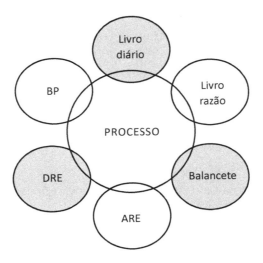

16

BALANÇO PATRIMONIAL

O balanço tem por finalidade apresentar, de forma **qualitativa e quantitativa**, a posição financeira e patrimonial da entidade, sendo representado por três elementos:

ATIVO: Compreende os recursos controlados por uma entidade e dos quais se esperam benefícios econômicos futuros

PASSIVO: Compreende as obrigações presentes da entidade resultantes de eventos passados

PATRIMÔNIO LÍQUIDO: É a participação residual nos ativos da entidade depois de deduzidos todos os seus passivos.

De acordo com a legislação brasileira, os elementos patrimoniais são apresentados em ordem **decrescente de liquidez e exigibilidade**, ou seja:

• No Ativo, são apresentadas em primeiro lugar as contas **mais rapidamente conversíveis em disponibilidades**, iniciando com o disponível (caixa e bancos), contas a receber, estoques, e assim sucessivamente;

• No Passivo, classificam-se em primeiro lugar as contas **cuja exigibilidade ocorra antes.**

Nesse sentido, os Ativos e Passivos são segregados nos seguintes grupos:

BALANÇO PATRIMONIAL	
ATIVO	PASSIVO
ATIVO CIRCULANTE	PASSIVO CIRCULANTE
ATIVO NÃO CIRCULANTE	PASSIVO NÃO CIRCULANTE
- Realizável a Longo Prazo	PATRIMÔNIO LÍQUIDO
- Investimentos	- Capital Social
- Imobilizado	- Reservas de Capital
- Intangível	- Ajustes de Avaliação Patrimonial
	- Reserva de Lucros
	- Ações em Tesouraria
	- Prejuízos Acumulados

16.1. ATIVO CIRCULANTE

Classificam-se nesse grupo as disponibilidades, os direitos realizáveis **até o final do exercício social subsequente** (ou durante o ciclo operacional da entidade) e as aplicações de recursos em despesas do exercício seguinte, sendo representados por:

- Caixa e Equivalentes
- Créditos a Receber
- Estoques
- Tributos a recuperar
- Outros Créditos a Receber
- Despesas Antecipadas
- Ativos de Operações Descontinuadas

CICLO OPERACIONAL

Intervalo de tempo em que uma entidade adquire matéria-prima (no caso de indústria) ou mercadorias (no caso de empresa comercial) efetua a produção (indústria), vende e recebe o valor correspondente à venda.

Ciclo operacional

=

Prazo médio de estocagem

+

Prazo médio de recebimento

CAIXA E EQUIVALENTES DE CAIXA

Recursos disponíveis para investimentos ou outras aplicações ou que possam vir a se tornar disponíveis em até 90 dias.

Caixa: Dinheiro em espécie mantido em Tesouraria

Depósitos bancários à vista: Dinheiro mantido em conta corrente sem impedimento para sua utilização

Numerários em trânsito: São decorrentes de remessas para filiais, depósitos ou semelhantes, por meio de cheques, ordem de pagamento etc. E o recebimento desta mesma espécie, ou ainda de clientes ou terceiros, quando conhecidos até a data do balanço

Aplicações financeiras de liquidez imediata: Recursos aplicados em investimentos que garantam pronto acesso aos recursos (montantes conhecidos de caixa e sujeitos a insignificante risco de mudança de valor)

CRÉDITOS A RECEBER (CLIENTES)

Direitos decorrentes de venda a prazo de produtos-objeto do negócio da entidade ou prestação de serviço na mesma categoria.

Duplicatas a Receber: Direitos recebíveis referente venda a prazo de mercadorias e/ou produtos, ou serviços prestados e ainda não recebidos

Créditos a Receber de Coligadas e Controladas: Só podem ser apresentados neste grupo se transação foi realizada em condições de mercado (sendo necessária apresentação em linha separada dos outros clientes)

(-) Ajuste (Perdas) para Créditos de Liquidação Duvidosa: Perdas estimadas para créditos de liquidação duvidosa

(-) Ajuste a Valor Presente: Ajuste *pro rata* com o objetivo de demonstrar o valor presente de um fluxo de caixa futuro

Outros Créditos: Relacionados à atividade operacional da empresa

ESTOQUES

São bens adquiridos ou produzidos pela empresa com o objetivo **de venda ou utilização própria no curso normal de suas atividade**s.

Mercadorias: Itens comprados junto a fornecedores para revenda a clientes (empresas comerciais)

Materiais: Itens necessários à prestação do serviço (empresas prestadoras de serviços)

Matéria Prima: Insumo bruto adquirido pela empresa industrial com o propósito de produção do produto-fim da atividade da empresa.

Produtos em Processo: Matéria prima parcialmente processada com o objetivo de gerar o produto-fim da atividade da empresa. Ainda precisa de complemento de processamento antes que o produto possa ser comercializado

Produtos Acabados: Produtos fabricados pela empresa prontos para sua comercialização

TRIBUTOS A RECUPERAR

São os tributos pagos na aquisição de bens, os quais serão deduzidos dos tributos devidos sobre vendas ou prestação de serviços.

ICMS a recuperar: ICMS pago pelas empresas comerciais e industriais com o objetivo de comercialização.

IPI a recuperar: IPI pago pelas empresas industriais com o objetivo de industrialização

PIS e COFINS a recuperar: PIS e COFINS pagos pelas empresas optantes do lucro real na aplicação de bens em sua atividade operacional

OUTROS CRÉDITOS A RECEBER

Todo e qualquer bem e/ou direito com expectativa de realização até o final do exercício social subsequente (ou ciclo operacional) cujas características não permitiram sua classificação nos três primeiros grupos do Ativo Circulante

Contas a Receber: Direitos a receber sobre venda de itens extraordinários e/ou prestação de serviços não integrantes do objeto-fim da empresa

Ações Destinadas a Venda: Participações societárias temporárias

Instrumentos financeiros: Mantidos para venda ou para recebimento dos fluxos de caixa no curto prazo

Aplicações Financeiras: Aplicações financeiras cujo resgate não pode ser imediato

DESPESAS ANTECIPADAS

São os direitos criados em função da realização de desembolsos cujos fatos geradores ainda não ocorreram. Sua realização se dará pela baixa para resultado no momento de ocorrência do fato gerador.

Seguros a Vencer: Prêmio pago por apólice cujo benefício de cobertura ainda não ocorreu

Vales Concedidos: Antecipação de salários por períodos ainda não trabalhados pelos empregados

> **Material de Limpeza:** Material de Limpeza adquirido antecipadamente e ainda não utilizado
>
> **Material de Escritório:** Material de Escritório adquirido para uso interno na empresa e ainda não utilizado

ATIVOS CIRCULANTES DE OPERAÇÕES DESCONTINUADAS

Valor dos ativos operacionais que a empresa tenha decidido descontinuar.

Todos os demais ativos **são considerados de operações continuadas**.

16.2. ATIVO NÃO CIRCULANTE

Classificam-se nesse grupo:
- Ativo Realizável a Longo Prazo

- Investimentos

- Imobilizados

- Intangíveis

ATIVO REALIZÁVEL A LONGO PRAZO

Valores recebíveis **após o término do exercício social subsequente** (ou fim do ciclo operacional), ativos descontinuados com realização superior ao exercício social subsequente (ou fim do ciclo operacional) e transações com partes relacionadas.

> **Empréstimos Concedidos:** Financiamentos Concedidos cujo recebimento se dará após o exercício social subsequente (ou fim do ciclo operacional)
>
> **Empréstimos a Coligadas e Adiantamento a Diretores:** Empréstimos concedidos a empresas ligadas e adiantamentos realizados a diretores mesmo que o prazo esperado de recebimento seja de curto prazo (a não ser que sejam transações usuais).
>
> **Contas a Receber:** Créditos a Receber cuja expectativa de recebimento se dará após o exercício social subsequente (ou fim do ciclo operacional)

Ativos Disponíveis para Venda: Ativos que a empresa tem intenção de alienar, mas, pela baixa liquidez, não espera conseguir fazê-lo no curto prazo.

INVESTIMENTOS

Aplicações de recursos que **não são objetos da atividade-fim** da empresa, porém trazem benefícios econômicos para a entidade.

Investimentos em Controladas: Investimentos em empresas cujo controle é detido pela entidade

Investimentos em Coligadas: Investimentos em empresas com participação relevante, mas não o suficiente para o exercício do controle (influência significativa)

Outras Participações Societárias: Investimentos não relevantes, mas de caráter permanente em outras empresas

Propriedades para Investimento: Bens de propriedade da empresa alugados para terceiros e/ou mantidos para valorização

Obras de Arte: Investimentos em obras de arte

IMPORTANTE:

Segundo o CPC 18, presume-se **controle:**

- Poder de voto correspondendo a mais que 50% do capital votante

- Poder de estabelecer políticas financeiras e operacionais

- Poder de indicar a maioria dos membros do Conselho de Administração ou Diretoria

- Poder de mobilizar maioria dos votos junto ao órgão de governança que detém exercício do comando da empresa

O investimento deve ser apurado pelo **método de equivalência patrimonial e a controladora deverá realizar a demonstração consolidada.**

IMPORTANTE:

Segundo o CPC 18, presume-se **influência significativa:**

- Poder de voto correspondendo a mais que 20% do capital votante

- Representação do Conselho de Administração ou na Diretoria da Empresa

- Participação nos processos de elaboração de políticas, inclusive em decisões sobre dividendos

- Poder de influenciar operações materiais entre investidor e investida

- Intercâmbio de diretores ou gerentes

- Informação Técnica Essencial

O investimento deve ser apurado pelo **método de equivalência patrimonial**

IMOBILIZADOS

Ativos de natureza relativamente permanente que são utilizados **na operação dos negócios de uma empresa ou com finalidades administrativas e que não se destinam à venda** (inclusive adquiridos através de arrendamento).

Devem ser ajustados pela depreciação e por *impairment* (redução ao valor recuperável).

Imóveis e instalações: Imóveis e instalações de propriedade da empresa que são utilizados exploração do seu objeto-fim.

Máquinas e Equipamentos: Máquinas e equipamentos utilizados pela empresa na exploração da sua atividade operacional.

Veículos: Veículos de propriedade da empresa utilizados nas suas atividades operacionais

Terrenos: Terrenos de uso da empresa

Edificações: Construções de uma forma geral

> **Benfeitorias em propriedade de terceiros:** Gastos realizados com obras úteis em propriedades de terceiros que aumentem o seu valor ou que tenham a intenção de conservá-lo, melhorá-lo ou embelezá-lo.
>
> **Ativos arrendados:** Ativos reconhecidos através de contratos de arrendamento
>
> **(-) Depreciação:** Parcela incorrida de depreciação sobre o valor do imobilizado em função do uso
>
> **(-) Perda para redução ao valor recuperável de ativos:** Perda estimada em função de ajuste ao de bens imobilizados ao valor provável de realização.

INTANGÍVEIS

São direitos que tenham por objeto bens incorpóreos destinados à manutenção da companhia ou exercidos com essa finalidade.

Devem ser ajustados pela amortização e pelo teste de recuperabilidade.

- Marcas e Patentes
- Licença de Softwares
- Desenvolvimento de Produtos
- Ágio na aquisição de investimentos (*Goodwill*)
- Dentre outros

> **IMPORTANTE**
>
> Segundo o CPC 04, os **ativos intangíveis com vida útil indefinida não são amortizáveis**, porém devem fazer o teste de recuperabilidade.
>
> Os gastos com pesquisas **não são considerados intangíveis**, e sim, despesas quando incorridas.
>
> Os gastos com desenvolvimento só podem ser considerados intangíveis quando a entidade **puder demonstrar viabilidade técnica para concluir o ativo** de forma que ele seja disponibilizado para uso ou venda ou a forma como vai gerar benefícios econômicos futuros.

16.3. **PASSIVO CIRCULANTE**

Classificam-se nesse grupo as obrigações que terão vencimento até o final do exercício social subsequente (ou durante o ciclo operacional da entidade).

Fornecedores: Contas a Pagar referente compra a prazo de mercadorias e/ou matéria prima intrinsicamente ligada ao objeto-fim do negócio da empresa

Empréstimos a Pagar: Empréstimos de curto prazo obtidos com a finalidade de financiar o capital de giro da empresa ou parcelas de longo prazo transferidas para o passivo circulante devido ao vencimento previsto no curto prazo.

Financiamentos a Pagar: Financiamentos de curto prazo obtidos com a finalidade de financiar um bem adquirido pela empresa ou parcelas de longo prazo transferidas para o passivo circulante devido ao vencimento previsto no curto prazo.

Impostos a Recolher: Parcela de impostos recolhida junto a clientes no momento da venda para posterior repasse a esfera arrecadadora competente

Impostos a Pagar: Impostos e Contribuição Social sobre o lucro referente às operações da empresa

Dividendos a Pagar: Dividendos declarados pela empresa a serem pagos aos seus acionistas

Duplicatas descontadas: Recursos obtidos junto às instituições financeiras dando como garantia de pagamento as duplicatas a receber

Adiantamento de Clientes: Parcela recebida de clientes sobre serviços ainda não prestados ou mercadorias/produtos ainda não entregues

Salários a Pagar: Salários referentes a períodos trabalhados e ainda não pagos

Contas a Pagar: Passivos diversos a serem pagos no vencimento

13º e férias a pagar: Parcelas dos benefícios a serem pago cujos fatos geradores já incorreram

Provisões: Passivos de prazo ou valor incerto que a empresa tenha classificado como perda provável (envolve estimativas)

(-) Encargos/Juros a apropriar: Encargos financeiros conhecidos sobre as parcelas vencíveis em meses seguintes

---

IMPORTANTE

Empréstimos tomados de coligadas/controladas, sócios, acionistas e diretores **devem ser sempre classificados no Passivo Circulante, independentemente do prazo de exigibilidade.**

A entidade **deve classificar os seus passivos financeiros como circulantes** quando a sua liquidação estiver prevista para o período de até doze meses após a data do balanço, mesmo que:

(a) o prazo original para sua liquidação tenha sido por período superior a doze meses; e

(b) um acordo de refinanciamento, ou de reescalonamento de pagamento a longo prazo seja completado após a data do balanço e antes de as demonstrações contábeis serem autorizadas para sua publicação.

16.4. PASSIVO NÃO CIRCULANTE

Classificam-se nesse grupo as obrigações que terão vencimento após o final do exercício social subsequente (ou fim ciclo operacional da entidade).

Exemplo:

Caso a empresa realize uma operação de crédito em junho de X1 para ser paga em 48 parcelas com primeiro vencimento para daqui a 1 mês teremos:

18 parcelas no Passivo Circulante (Julho de X1 a Dezembro de X2)

30 parcelas no Passivo não Circulante (A partir de Janeiro de X3)

Após pagar todas as parcelas de X1, em dezembro a empresa deverá apresentar:

24 parcelas no Passivo Circulante (Janeiro de X2 a Dezembro de X3)

18 parcelas no Passivo não Circulante (A partir de Janeiro de X4)

IMPORTANTE

Se a entidade tiver a expectativa, e tiver poder discricionário, para refinanciar ou substituir uma obrigação por pelo menos doze meses após a data do balanço segundo dispositivo contratual do empréstimo existente, **deve classificar a obrigação como NÃO CIRCULANTE, mesmo que de outra forma fosse devida dentro de período mais curto.**

16.5. PATRIMÔNIO LÍQUIDO

O patrimônio líquido representa o volume dos recursos da empresa que pertence a seus proprietários (sócios ou acionistas), medida pela diferença entre o total dos ativos menos o total dos passivos.

Capital Social: Constituído por aportes dos sócios ou acionistas, bem como parte dos lucros retidos que são incorporados ao capital.

(-) Capital a Integralizar: Valor subscrito pelos sócios/investidores que ainda não foi realizado/integralizado

Reserva de Capital: Incrementos ao capital social que não tenham transitado pelo resultado.

Ajuste de Avaliação Patrimonial: Criada pela Lei nº 11.638/07 para receber as contrapartidas de aumentos ou diminuições de valores atribuídos a elementos de ativos e passivos em decorrência da sua avaliação a **preço de mercado (valor justo).**

Reservas de Lucros: Representam os lucros retidos pela empresa, com finalidades específicas.

(-) Ações em Tesouraria: Recompra de ações da própria empresa

(-) Prejuízos Acumulados: Prejuízos a serem compensados em períodos seguintes

IMPORTANTE

O lucro apurado pela entidade possui diversas finalidades, são elas:

- Compensação de prejuízos

- Constituição de reservas

- Aumento de capital

- Distribuição de lucros

Nesse contexto, os lançamentos contábeis que envolvem a destinação de lucros são:

D Lucro do Exercício

C Prejuízos acumulados

D Lucro do Exercício

C Reserva de lucros

D Lucro do Exercício

C Capital social

D Lucro do Exercício

C Dividendos a distribuir

16.6. CONCEITO DE CURTO E LONGO PRAZO NA CONTABILIDADE

Para o melhor entendimento dos itens classificados como circulante e não circulante, seguem os conceitos de curto e longo prazo na Contabilidade:

Curto prazo significa um período de até 12 meses após a data de encerramento do balanço patrimonial. No fechamento do balanço patrimonial em 31 de dezembro, todas as contas a receber e a pagar no próximo exercício (nos próximos 365 dias) devem ser classificadas a curto prazo.

As **contas de curto prazo** são classificadas no **circulante**.

Longo prazo, por sua vez, identifica um período superior a 12 meses após a data de encerramento do balanço patrimonial.

As **contas de longo prazo** são classificadas no **não circulante**.

Por exemplo, admita-se que a Cia. Solidariedade tenha seu exercício social encerrado em 31.12.2017.

Nesse momento, todas as contas a receber ou a pagar em 2018 são classificadas como curto prazo (**circulante**).

Logo, todas as contas a receber ou a pagar a partir de 2019 são classificadas como longo prazo (**não circulante**).

IMPORTANTE:

Curto prazo não significa que os valores serão convertidos ou serão pagos em 1 ano, mas que os recebimentos e pagamentos ocorrerão até 12 meses após o fechamento do balanço patrimonial.

Por exemplo, venda a prazo ocorrida em março de 2017 é considerada de curto prazo mesmo que o recebimento seja realizado em dezembro de 2018, pois a referência é data de fechamento do balanço (ou seja, 31.12.2017).

16.7. CICLO OPERACIONAL

Conforme o artigo 179 da Lei 6.404/76: "Na Companhia em que o ciclo operacional da empresa **tiver duração maior que o exercício social**, a classificação no circulante ou não circulante terá por base o prazo de duração do ciclo operacional".

Ciclo operacional é a série sucessiva de transações envolvendo as atividades usuais da companhia

Na atividade comercial, o ciclo operacional se inicia com a aquisição de mercadorias e termina com o recebimento da venda. Já na atividade industrial, ele começa com a aquisição de matéria-prima e é concluído com o recebimento da venda.

Desta forma, no caso de uma empresa possuir ciclo operacional de 2 anos, os valores realizáveis até esse período serão considerados ativo circulante.

16.8. **EXERCÍCIO SOCIAL X ANO CIVIL**

O exercício social é o período que uma determinada empresa deve elaborar as demonstrações contábeis com a finalidade de apurar o seu desempenho operacional.

Segundo o Art. 175 da Lei 6.404/76, o exercício social terá duração de 1 (um) ano e a data do término será fixada no estatuto.

Entretanto, **nos casos de constituição da companhia e de alteração estatutária o exercício social poderá ter duração diversa.**

Já o Ano Civil é o período de 12 meses que corresponde a 365 dias do ano, contados a partir de 1 de Janeiro a 31 de Dezembro (Lei 810 de 1949).

Portanto, o exercício social na contabilidade de uma empresa poderá ser:

Coincidente com o ano civil, isto é, de 01 de janeiro a 31 de dezembro de cada ano;

Não coincidir com o ano civil, desde que esteja compreendido o período de um ano.

17

ESTOQUES – CPC 16

Os estoques são responsáveis por uma parcela significativa da riqueza das entidades tendo em vista que proporciona geração de **benefício econômico futuro por sua venda direta, pela produção de um item que será vendido futuramente ou pelo seu uso.**

O tratamento contábil para os estoques está definido no pronunciamento técnico **CPC 16 (Estoques).**

De acordo com o referido pronunciamento, estoques são ativos:

a) Mantidos para venda no curso normal dos negócios

b) Em processo de produção para venda ou

c) Na forma de materiais ou suprimentos a serem consumidos ou transformados no processo de produção ou na prestação de serviços

Nesse sentido, compreendem **bens adquiridos e destinados à venda**, incluindo, por exemplo, mercadorias compradas por um varejista para revenda ou terrenos e outros imóveis para revenda.

Além disso, compreendem **produtos acabados e produtos em processo de produção** pela entidade e incluem **matérias-primas e materiais aguardando utilização no processo de produção**, tais como: componentes, embalagens e material de consumo.

No caso de prestação de serviços, os estoques **devem incluir os custos do trabalho e demais custos de pessoal envolvidos diretamente na prestação do serviço**, bem como pessoal da supervisão e gastos gerais atribuíveis.

Entretanto, o trabalho e demais gastos que **não são atribuíveis** ou que **se relacionam às vendas e ao pessoal administrativo** geral devem **ser contabilizados como despesas** na medida em que ocorrerem.

IMPORTANTE:

Os estoques são avaliados e mensurados pelo custo de aquisição ou pelo valor realizável líquido, **dos dois o menor.**

17.1. CUSTO DE ESTOQUES

O custo de estoques compreende todos os **custos de compra, transformação e outros custos incorridos** para trazer os estoques a sua condição e localização atuais.

CUSTOS DE AQUISIÇÃO

Compreende o preço de compra, os impostos de importação e outros tributos não recuperáveis, bem como os custos de transporte, seguro, manuseio e outros diretamente atribuíveis à aquisição de produtos acabados, materiais e serviços.

Os descontos comerciais, abatimentos e outros itens semelhantes devem ser deduzidos na determinação do custo de aquisição.

Nesse sentido, os custos de embalagem, transporte e seguro, quando por conta da empresa, devem ser considerados como parte do custo de aquisição e debitados a tais estoques.

No caso de importações de matérias-primas, **ao custo deve ser adicionado o imposto de importação**, **o IOF incidente sobre a operação de câmbio**, os custos alfandegários e outras taxas, além do custo dos serviços de despachantes.

CUSTOS DE TRANSFORMAÇÃO

Os custos de transformação de estoques incluem os custos **diretamente relacionados com as unidades produzidas ou com as linhas de produção**, como a mão de obra direta. Também incluem a alocação sistemática de custos indiretos de produção, fixos e variáveis, que sejam incorridos para transformar os materiais em produtos acabados.

RESUMO DO CUSTO DE AQUISIÇÃO

Preço de Compra

(-) Descontos/Abatimentos

(-) Impostos Recuperáveis

(+) Frete/Seguro

(+) Demais gastos diretamente atribuíveis

= Custo de aquisição

Mão de obra direta

(+) Custos indiretos

= Custo de transformação

Exemplo 1:

Uma revendedora de cosméticos, contribuinte do ICMS, está negociando a aquisição de 12 caixas de perfumes com um fornecedor. Cada caixa tem o valor de R$ 950,00, entretanto, se a revendedora comprar as 12 caixas, conseguirá um desconto em NF de 20%. O frete será realizado por transportadora particular que cobra R$ 5,00 por perfume.

Considerando que são 10 perfumes por caixa e a alíquotas dos impostos são ICMS de 12% (tanto da aquisição quanto do frete) e IPI adicional de 40%, o custo unitário de cada perfume será apresentado a seguir:

RESOLUÇÃO:

Mercadoria (950,00 X 12) – 20% =	9.120,00 (ICMS incluído de 12% 1.094,40)
IPI (40% de 9.120,00)	3.648,00
Frete (5,00 x 120)	600,00
Total pago	13.368,00
(-) ICMS a recuperar mercadorias	(1.094,40)
(-) ICMS a recuperar frete	(72,00)
Custo total	12.201,60
Custo unitário (12.201,60 / 120)	**101,68**

IMPORTANTE:

Quando o acordo contém efetivamente um elemento financeiro, a diferença entre o preço de compra para prazos normais de crédito e o valor pago, deve ser reconhecida como despesa de juros ao longo do período de financiamento

Os gastos incorridos eventualmente com **armazenagem do produto devem integrar seu custo somente quando são necessários para sua chegada à empresa.** Depois que os estoques **são colocados em seu local para essa finalidade (uso, consumo ou venda), quaisquer custos adicionais, são despesas.**

17.2. VALOR REALIZÁVEL LÍQUIDO

Valor realizável líquido é o preço de venda estimado no curso normal dos negócios **deduzido dos custos estimados para sua conclusão e dos gastos estimados necessários para se concretizar a venda.**

Exemplo 2:

A Cia ABC possui estoques de produtos em elaboração, para os quais existem as seguintes estimativas:

Descrição R$

Descrição	R$
Custo de produção incorridos	2.900,00
Custo de produção necessária para conclusão	500,00
Gastos com transporte até o cliente	300,00
Despesas de venda	400,00
Preço de venda	2.800,00

Qual seu valor realizável líquido?

Preço de venda	**2.800,00**
(-) Custos para conclusão	(500,00)
(-) Gastos com transporte	(300,00)
(-) Despesas de venda	(400,00)
= Valor realizável líquido	**1.600,00**

17.3. **AVALIAÇÃO E MENSURAÇÃO DOS ESTOQUES**

Se o custo for maior do que o valor realizável líquido, a **entidade deverá reconhecer uma perda no resultado.**

Exemplo 3:

Considere que uma empresa comercial possua 03 bens diferentes para revenda:

Estoque	Custo de Aquisição	Valor realizável líquido	Ajuste
A	1.500,00	1.600,00	-
B	1.200,00	880,00	320,00
C	6.000,00	5.400,00	600,00
			920,00

Lançamento de Ajuste:

D Perda de Estoques (Despesa)	920,00
C Perda para Ajuste ao Valor Realizável (retificadora do AC)	920,00

17.4. **DEMAIS GASTOS**

Os gastos abaixo serão excluídos do custo de estoques e reconhecidos como despesas no período em que são incorridos:

a) Valores anormais de desperdícios de materiais, mão de obra ou outros custos de produção;

b) Custos de armazenagem, exceto os necessários no processo de produção antes de um ou outro estágio de produção;

c) Gastos gerais administrativos que não contribuem para trazer os estoques a sua condição e localização atuais;

d) Despesas de venda e

e) Despesas financeiras

17.5. MÉTODOS DE CUSTO

O custo de estoques de itens que não sejam normalmente intercambiáveis e bens ou serviços produzidos e separados para projetos específicos, **deverá ser atribuído utilizando-se identificação específica de seus custos individuais.**

Nos casos em que não houver identificação específica, o custo de estoques será atribuído utilizando-se o critério "Primeiro a Entrar, Primeiro a Sair" (PEPS) ou o critério de custo médio ponderado.

Para estoques de natureza similar, deve ser utilizado o mesmo critério, enquanto para estoques de natureza diferente, podem-se justificar diferentes critérios de custo.

18

CRITÉRIOS DE AVALIAÇÃO DE ESTOQUES

As empresas podem adotar dois sistemas para controle do estoque:

* Inventário Periódico
* Inventário Permanente

18.1. INVENTÁRIO PERIÓDICO

Nesse sistema, os estoques são avaliados na data do balanço pela contagem física de seus itens (inventário), ou seja, **NÃO é efetuado o controle contínuo das movimentações de entrada e saída de mercadorias ou de produtos, bem como de seu saldo final.**

Não há lançamento operação por operação, ou seja, **apenas na data de encerramento é que se apura o estoque para ver o saldo.**

O Custo das Mercadorias Vendidas (CMV) é apurado pela seguinte fórmula:

CMV = Estoque Inicial (EI) + Compras Líquidas (C) – Estoque Final (EF)

> **ATENÇÃO!**
> Compras Líquidas = Compras – Devoluções de Compras – Impostos a recuperar

Exemplo:

O saldo inicial da conta mercadorias de uma empresa comercial em 01.01.X1 era de R$ 28.000,00 e, durante o ano, apurou-se compras de R$ 240.000,00 e impostos a recuperar sobre as compras no valor de R$ 40.000,00.

Ao realizar a contagem física no final do ano, verificou-se que o saldo final de mercadorias em 31.12.X1 era de R$ 45.000,00.

Logo, o CMV apurado no período foi de:

CMV = R$ 28.000,00 + (R$ 240.000,00 – R$ 40.000,00) – R$ 45.000,00

CMV = 183.000,00

18.2. INVENTÁRIO PERMANENTE

É aquele feito por meio de Controle de Estoques de **maneira individualizada e diariamente**, normalmente por sistema eletrônico de dados.

Os métodos mais conhecidos para controle dos estoques nesse sistema são os seguintes: **PEPS, UEPS e Custo Médio Ponderado Móvel.**

Na prática, existem outros tipos de controle de estoques (Preço Específico, Custo Médio Ponderado Fixo, dentre outros), mas certamente os três primeiros são campeões de questões de prova.

PRIMEIRO QUE ENTRA PRIMEIRO QUE SAI (PEPS)

Também conhecido como **FIFO (*First in, First out*),** este método atribui o custo da mercadoria vendida ao **preço de compra mais antigo em estoque.**

Sendo assim, o método **PEPS prioriza a ordem cronológica de entrada dos produtos** privilegiando o uso do lote mais antigo de mercadorias até que as quantidades sejam esgotadas.

Em seguida, é utilizado o segundo grupo mais velho e assim por diante. Para usar este tipo de gestão é necessário que as mercadorias do estoque sejam armazenadas de forma seriada.

O controle PEPS é muito utilizado em negócios onde as mercadorias vendidas **possuem datas de validade**, pois permite que os lotes de produtos mais "velhos" saiam primeiro, sendo permitido pela Receita Federal.

Em cenários inflacionários, este método **gera menor custo para a empresa e maior lucro** (gerando maior imposto a pagar). Em cenários deflacionários, exatamente o contrário.

ÚLTIMO QUE ENTRA PRIMEIRO QUE SAI (UEPS)

Também conhecido como **LIFO (*Last in, First out*),** o método UEPS é praticamente o contrário do que vimos sobre o método anterior.

Neste caso, o valor do último lote de mercadorias adquiridas é usado para calcular o preço de venda do produto. Nesta forma de gestão, além da formação de preço tendo como base o último lote recebido, existe também a priorização de venda/saída dos lotes recebidos mais recentemente.

No Brasil, a **Norma Brasileira de Contabilidade não autoriza o uso método UEPS**, pelo fato de que esta forma de gestão faz com que o lucro auferido seja menor, uma vez que o preço das mercadorias sofrem a incidência da inflação e consequentemente os impostos a pagar também são menores.

Ou seja, em cenários inflacionários, este método **gera maior custo para a empresa e menor lucro** (gerando menor imposto a pagar). Em cenários deflacionários, exatamente o contrário.

CUSTO MÉDIO PONDERADO MÓVEL

O custo médio, também conhecido como **média ponderada móvel**, é uma forma de mensurar o valor do estoque da empresa levando em considerando o preço de cada nova entrada.

Ou seja, se os preços de entrada forem diferentes, a cada nova aquisição, os estoques terão custos médios diferentes.

A Receita Federal também admite o método do custo médio para valoração dos estoques e determinação do lucro.

Tanto em cenários inflacionários quanto em cenários deflacionários, este método **gera custo e lucro médio para a empresa.**

Exemplo:

Exemplo: Seguem informações de compra e venda de uma empresa comercial em relação à mercadoria Y:

Em 04/12/X1: Aquisição de 100 unidades por R$ 1.000,00 e frete de R$ 200,00 (com incidência de ICMS de 15% tanto na mercadoria quanto no frete)

Em 15/12/X1: Aquisição de 150 unidades por R$ 1.900,00 e frete de R$ 500,00 (com incidência de ICMS de 15% tanto na mercadoria quanto no frete)

Em 26/12/X1: venda de 200 unidades a R$ 4.000,00 com ICMS de 15%.

Em 31/12/X1: Aquisição de 50 unidades por R$ 750,00 e frete de R$ 150,00 (com incidência de ICMS de 15% tanto na mercadoria quanto no frete)

Com base nos dados acima, torna-se possível apurar o custo dos estoques, das mercadorias vendidas e do resultado bruto com mercadorias, utilizando os critérios PEPS, UEPS e Custo Médio Ponderado Móvel:

Primeiro passo é o cálculo do custo unitário de cada compra:

Em 04/12/X1:

Valor pago pelas Mercadorias => 1.000,00 + 200,00 = R$ 1.200,00

Valor do ICMS a recuperar = 15% sobre R$ 1.200,00 = R$ 180,00

Valor do Estoque de Mercadorias = R$ 1.200,00 – R$ 180,00 = R$ 1.020,00

Custo Unitário de Mercadorias = 1.020,00 / 100 = **R$ 10,20**

Em 15/12/X1:

Valor pago pelas Mercadorias => 1.900,00 + 500,00 = R$ 2.400,00

Valor do ICMS a Recuperar = 15% sobre 2.400,00 = R$ 360,00

Valor do Estoque de Mercadorias = R$ 2.400,00 – R$ 360,00 = 2.040,00

Custo Unitário de Mercadorias = 2.040,00 / 150 = **R$ 13,60**

Em 31/12/X1:

Valor pago pelas Mercadorias => 750,00 + 150,00 = R$ 900,00

Valor do ICMS a Recuperar = 15% sobre 900 = R$ 135,00

Valor do Estoque de Mercadorias = R$ 900,00 – R$ 135,00 = 765,00

Custo Unitário de Mercadorias = 765,00 / 50 = **R$ 15,30**

Feito isso, faremos a simulação dos resultados de CMV, lucro e estoque final em cada método de controle de estoques:

PRIMEIRO QUE ENTRA PRIMEIRO QUE SAI (PEPS)

DATA			ENTRADA			SAÍDA			SALDO		
DIA	MÊS	ANO	QTDE.	VL. UNIT.	R$	QTDE.	VL. UNIT.	TOTAL	QTDE.	VL. UNIT.	TOTAL
4	12	X1	100	10,20	1.020,00				100	10,20	1.020,00
15	12	X1	150	13,60	2.040,00				150	13,60	2.040,00
									250	--------	3.060,00
26	12	X1				100	10,20	1.020,00			
						100	13,60	1.360,00			
						200	--------	**2.380,00**	**50**	13,60	680,00
31	12	X1	50	15,30	765,00				50	15,30	765,00
									100		**1.445.00**

RESULTADO	
VENDA DE MERCADORIAS:	4.000,00
(-) IMPOSTOS SOBRE VENDAS (15%):	(600,00)
(=) VENDAS LÍQUIDAS	3.400,00
(-) CUSTO DE MERCADORIAS VENDIDAS:	**(2.380,00)**
(=) RESULTADO BRUTO COM MERCADORIAS	1.020,00

ÚLTIMO QUE ENTRA PRIMEIRO QUE SAI (UEPS)

DATA			ENTRADA			SAÍDA			SALDO		
DIA	MÊS	ANO	QTDE.	VL. UNIT.	R$	QTDE.	VL. UNIT.	TOTAL	QTDE.	VL. UNIT.	TOTAL
4	12	X1	100	10,20	1.020,00				100	10,20	1.020,00
15	12	X1	150	13,60	2.040,00				150	13,60	2.040,00
									250	--------	3.060,00
26	12	X1				150	13,60	2.040,00			
						50	10,20	510,00			
						200	--------	**2.550,00**	50	10,20	510,00
31	12	X1	50	15,30	765,00				50	15,30	765,00
									100		**1.275.00**

RESULTADO	
VENDA DE MERCADORIAS:	4.000,00
(-) IMPOSTOS SOBRE VENDAS (15%):	(600,00)
(=) VENDAS LÍQUIDAS	3.400,00
(-) CUSTO DE MERCADORIAS VENDIDAS:	**(2.550,00)**

CUSTO MÉDIO PONDERADO MÓVEL

DATA			ENTRADA			SAÍDA			SALDO		
DIA	MÊS	ANO	QTDE.	VL. UNIT.	R$	QTDE.	VL. UNIT.	TOTAL	QTDE.	VL. UNIT.	TOTAL
4	12	X1	100	10,20	1.020,00				100	10,20	1.020,00
15	12	X1	150	13,60	2.040,00				150	13,60	2.040,00
									250	**12,24**	**3.060,00**
26	12	X1				**200**	**12,24**	**2.448,00**			
									50	12,24	612,00
31	12	X1	50	15,30	765,00				50	15,30	765,00
									100	**13,77**	**1.377.00**

RESULTADO	
VENDA DE MERCADORIAS:	4.000,00
(-) IMPOSTOS SOBRE VENDAS (15%):	(600,00)
(=) VENDAS LÍQUIDAS	3.400,00
(-) CUSTO DE MERCADORIAS VENDIDAS:	**(2.448,00)**
(=) RESULTADO BRUTO COM MERCADORIAS	952,00

RESUMO

Cenário inflacionário:

Descrição	PEPS	Custo Médio	UEPS
CMV	Menor	Médio	Maior
Lucro	Maior	Médio	Menor
Estoque Final	Maior	Médio	Menor

Cenário deflacionário:

Descrição	PEPS	Custo Médio	UEPS
CMV	Maior	Médio	Menor
Lucro	Menor	Médio	Maior
Estoque Final	Menor	Médio	Maior

19

DEPRECIAÇÃO

Os ativos **imobilizados estão sujeitos à depreciação no decorrer da sua vida útil** e a manutenção adequada desses ativos não interfere na aplicação da depreciação.

Os gastos incorridos com reparos ou substituição de peças que **resultem em aumentos de vida útil** devem ser incorporados ao valor do bem para fins de depreciação.

A apuração da depreciação deve ser feita mensalmente, **a partir do momento em que o item do ativo se tornar disponível para uso**, ou seja, quando está no local e em condição de funcionamento na forma pretendida pela administração.

O valor depreciável de um ativo é determinado **após a dedução do custo de aquisição pelo seu valor residual** (montante líquido que a entidade espera, com razoável segurança, obter por um ativo no fim de sua vida útil, deduzidos os custos esperados para sua venda).

Ou seja:

Custo do ativo imobilizado

(-) Valor residual

Valor depreciável

A depreciação de um ativo deve cessar na data em que o ativo é classificado como **mantido para venda ou, ainda, na data em que o ativo é baixado**, o que ocorrer primeiro.

Portanto, a depreciação não cessa quando o ativo se torna ocioso ou é retirado do uso normal, a não ser que o ativo esteja totalmente depreciado.

No entanto, de acordo com os métodos de depreciação pelo uso, a despesa de depreciação pode ser zero enquanto não houver produção.

Em função de suas características, alguns itens do ativo imobilizado não deverão ser depreciados. Como exemplos de bens que não se encontram sujeitos à depreciação **têm-se os terrenos, os bens de natureza cultural e os sujeitos à exaustão.**

A estimativa da vida útil econômica do item do ativo é definida conforme alguns fatores:

a) desgaste físico, pelo uso ou não;

b) geração de benefícios futuros;

c) limites legais e contratuais sobre o uso ou a exploração do ativo; e

d) obsolescência tecnológica.

A estimativa da vida útil do ativo deve ser feita com base na experiência da entidade com ativos semelhantes. Assim, as tabelas de depreciação contendo o tempo de vida útil e os valores residuais a serem aplicadas pelos entes deverão ser estabelecidas pelo próprio, de acordo com as características particulares da utilização desses bens pelo ente. Assim, um veículo, por exemplo, poderá ser depreciado em período menor ou maior, devido às características do uso desse bem.

O valor depreciável de um ativo deve ser apropriado de **forma sistemática ao longo da sua vida útil estimada.**

O valor residual e a vida útil de um ativo **devem ser revisados pelo menos ao final de cada exercício.** Se as expectativas diferirem das estimativas anteriores, **a mudança deve ser contabilizada como mudança de estimativa contábil, segundo o CPC 23** (Políticas Contábeis, Mudança de Estimativa e Retificação de Erro).

De acordo com o CPC 27, **cada componente de um item do ativo imobilizado com custo significativo em relação ao custo total do item deve ser depreciado separadamente.**

Exemplo:

Uma empresa compra uma aeronave pelo valor total de R$ 1.200.000,00. O custo do motor (já incluído nesse total) é de R$ 200.000,00. O motor tem vida útil de 5 anos, e o restante do conjunto do avião tem vida útil de 10 anos, sem valor residual.

Logo:

Motor: R$ 200.000,00 / 5 anos = R$ 40.000,00 por ano

Avião (sem motor): R$ 1.000.000,00 / 10 anos = R$ 100.000,00

19.1. DEPRECIAÇÃO FISCAL X SOCIETÁRIA

Anteriormente a vigência da Lei nº 11.638/2007, a depreciação era calculada de acordo com os critérios estabelecidos na legislação fiscal, já que não havia outro parâmetro vigente.

Após a publicação dos novos textos legais, ficou estabelecido que as depreciações e amortizações dos bens imobilizados, **devem ser efetuadas tendo com base a vida útil econômica do bem.**

No entanto, para fins fiscais, ainda devem ser utilizadas as taxas determinadas pela legislação tributária.

TABELA DE DEPRECIAÇÃO (FISCAL)

Classificação das contas	Taxa anual	Anos de vida útil
Edifícios	4%	25
Máquinas/Equipamentos	10%	10
Instalações	10%	10
Móveis e Utensílios	10%	10
Computadores e periféricos	20%	5
Veículos	25%	4

19.2. MÉTODOS DE DEPRECIAÇÃO

Os métodos de depreciação **devem ser compatíveis com a vida útil econômica do ativo e aplicados uniformemente.**

Sem prejuízo da utilização de outros métodos de cálculo dos encargos de depreciação, podem ser adotados:

a) O método das quotas constantes

b)   O método das somas dos dígitos dos anos

c)   O método das unidades produzidas

MÉTODOS DAS QUOTAS CONSTANTES (LINEAR)

Utiliza-se de taxa de depreciação constante durante a vida útil do ativo, caso o seu valor residual não se altere.

A depreciação é calculada dividindo-se o valor depreciável pelo tempo de vida útil do bem, sendo representada pela seguinte fórmula:

> **Depreciação = [(Valor do Bem) – (Valor Residual)] X Quota**
>
> **ou**
>
> **Depreciação = [(Valor do Bem) – (Valor Residual)] /
> Tempo de vida útil**

Sendo:

> **Quota = 1/tempo de vida útil do bem**

Exemplo:

Uma entidade pretende realizar a depreciação de um bem utilizando o método das quotas constantes. O valor bruto contábil é R$ 10.000,00, sendo determinado o valor residual de R$ 2.000,00.

A vida útil do bem é de cinco anos, conforme a política da entidade, assim, a taxa de depreciação ao ano é de 20% por ano.

Resumindo:

Custo do bem = R$ 10.000,00

Valor residual ao final da vida útil = R$ 2.000,00

Valor depreciável = R$ 8.000,00

Vida útil estimada = 5 anos (60 meses)

Quota de depreciação constante = 0,2 (20% a.a.)

Depreciação anual = R$ 8.000,00 / 5 ou R$ 8.000,00 x 0,20 = **R$ 1.600,00**

Depreciação mensal = R$ 1.600,000 / 12 = **R$ 133,33**

Dessa forma, o bem será depreciado da seguinte maneira:

ANO	QUOTA	DEPRECIAÇÃO	DEPREC. ACUM.	VALOR LÍQ. CONTÁBIL
0				R$ 10.000,00
1	0,2	R$ 1.600,00	R$ 1.600,00	R$ 8.400,00
2	0,2	R$ 1.600,00	R$ 3.200,00	R$ 6.800,00
3	0,2	R$ 1.600,00	R$ 4.800,00	R$ 5.200,00
4	0,2	R$ 1.600,00	R$ 6.400,00	R$ 3.600,00
5	0,2	R$ 1.600,00	R$ 8.000,00	**R$ 2.000,00**

MÉTODO DAS SOMAS DOS DÍGITOS DOS ANOS (DECRESCENTE)

Resulta em uma taxa decrescente durante a vida útil, proporcionando quotas de depreciação maiores no início e menores no fim da vida útil, possibilitando maior uniformidade nos custos, já que os bens, quando novos, demandam menos manutenção e reparos.

Com o passar do tempo, os citados encargos tendem a aumentar e, dessa forma, o referido crescimento das despesas de manutenção e reparos são compensados pelas quotas decrescentes de depreciação, resultado em despesas totais (depreciação e manutenção) distribuídos mais proporcionalizados nos resultados da entidade (veículos, por exemplo).

O referido cálculo se dá da seguinte forma:

- Somam-se os algarismos que compõem o número de anos de vida útil do bem
- A depreciação de cada ano é uma fração, em relação ao valor original do bem, tal que:
- O numerador é para o primeiro ano = n (número de anos de vida útil do bem), para o segundo = (n – 1), para o terceiro = (n – 2), e assim por diante;
- O denominador é a soma dos algarismos, conforme obtido em (a).

Depreciação = [(Valor do Bem) – (Valor Residual)] X Quota Ano

Sendo:

Quota 1° ano = n / (1+ 2 + 3 + ... + n)

Quota 2° ano = (n -1) / (1+ 2 + 3 + ... + n)

Quota 3° ano = (n − 2 / (1+ 2 + 3 + ... + n)

Exemplo:

Uma entidade pretende realizar a depreciação de um bem utilizando o método da soma dos dígitos. O valor bruto contábil é R$ 10.000,00, sendo determinado o valor residual de R$ 2.000,00.

Resumindo:

Custo do bem = R$ 10.000,00

Valor residual ao final da vida útil = R$ 2.000,00

Valor depreciável = R$ 8.000,00

Vida útil estimada = 5 anos (60 meses)

Quota de depreciação Decrescente

Dessa forma, o bem será depreciado da seguinte maneira:

ANO	FRAÇÃO	QUOTA	DEPREC.	DEPREC. ACUM.	VLR. LIQ. CONT.
0					**R$ 10.000,00**
1	5/15	0,3333	R$ 2.666,67	R$ 2.666,67	R$ 7.333,33
2	4/15	0,2667	R$ 2.133,33	R$ 4.800,00	R$ 5.200,00
3	3/15	0,2000	R$ 1.600,00	R$ 6.400,00	R$ 3.600,00
4	2/15	0,1333	R$ 1.066,67	R$ 7.466,67	R$ 2.533,33
5	1/15	0,0667	R$ 533,33	R$ 8.000,00	**R$ 2.000,00**

MÉTODO DAS UNIDADES PRODUZIDAS

Resulta em uma taxa baseada no uso ou produção de esperados. A vida útil do bem é determinada pela capacidade de produção.

Depreciação = [(Valor do bem) − (Valor Residual)] X Quota Ano

Sendo:

> **Quota Ano = (Unidades produzidas no ano X) / (Unidades estimadas a serem produzidas durante a vida útil do bem)**

Exemplo:

Uma entidade pretende realizar a depreciação de um bem utilizando o método das unidades produzidas. O valor bruto contábil é R$ 10.000,00, sendo determinado o valor residual de R$ 2.000,00.

A vida útil do bem é determinada pela capacidade de produção que é igual a 5.000 unidades, sendo 500 unidades no primeiro ano e 1.000 unidades no segundo ano.

Resumindo:

Custo do bem = R$ 10.000,00

Valor residual ao final da vida útil = R$ 2.000,00

Valor depreciável = R$ 8.000,00

Capacidade de produção do bem = 5.000 unidades

Produção ano 1 = 500 unidades

Produção ano 2 = 1.000 unidades

Produção total = 1.500 unidades (30% do total)

Logo, a depreciação acumulada até o final do segundo ano será de R$ 2.400,00 (30% de R$ 8.000,00).

19.3. DEPRECIAÇÃO ACELERADA

Aquela que é reconhecida e registrada contabilmente, relativa à diminuição acelerada do valor dos bens móveis, resultante do desgaste pelo uso em regime de operação superior ao normal, calculada com base no número de horas diárias de operação, e para o qual a legislação fiscal, igualmente, acata a sua dedutibilidade.

No que concerne aos bens móveis poderão ser adotados, em função do número de horas diárias de operação, os seguintes coeficientes de depreciação acelerada sobre as taxas normalmente utilizáveis:

a) 1,0 – para um turno de 8 horas de operação;

b) 1,5 – para dois turnos de 8 horas de operação;

c) 2,0 – para três turnos de 8 horas de operação.

Nessas condições, por exemplo, um bem cuja taxa normal de depreciação é de 10% ao ano poderá ser depreciado em 15% ao ano se operar 16 horas por dia, ou 20% ao ano, se em regime de operação de 24 horas por dia.

20

PROVISÕES, PASSIVOS E ATIVOS CONTINGENTES – CPC 25

O objetivo do CPC 25 é definir **critérios de reconhecimento e bases de mensuração para provisões, contingências passivas e contingências ativas**, e regras para divulgação de informações suficientes nas notas explicativas, com o objetivo de permitir que os usuários das demonstrações entendam sua natureza, época e valor.

De acordo com a norma, **passivo é uma obrigação presente da entidade, derivada de eventos já ocorridos**, cuja liquidação se espera que resulte em saída de recursos da entidade capazes de gerar benefícios econômicos.

O evento que cria uma obrigação é aquele que faz com que a entidade não tenha nenhuma alternativa realista senão liquidar essa obrigação.

O passivo pode ser decorrente de: **obrigação legal e não formalizada.**

Obrigação **legal** é uma obrigação que deriva de:

- Contrato (por meio de termos explícitos ou implícitos);
- Legislação ou
- Outra ação da lei.

Obrigação **não formalizada** é uma obrigação que decorre das ações da entidade em que:

- Por via de padrão estabelecido de práticas passadas, de políticas publicadas ou de declaração atual suficientemente específica, a entidade tenha indicado a outras partes que aceitará certas responsabilidades e

- Em consequência, a entidade cria uma expectativa válida nessas outras partes de que cumprirá com essas responsabilidades.

20.1. PROVISÃO

É um **passivo de prazo ou de valor incertos**. Ou seja:

- O **credor** é conhecido, mas o **montante** devido deverá ser estimado (danos ambientais, gastos com desmontagem, contratos onerosos etc.).

- O **credor** é desconhecido e o **montante** devido deverá ser estimado (prêmios, garantias sobre produtos etc.).

Uma provisão é reconhecida quando:

A entidade tem uma **obrigação presente** (legal ou não formalizada), como resultado de evento passado.

Seja **provável**, que será necessária, uma saída de recursos que incorporam benefícios econômicos para liquidar a obrigação.

Possa ser feita uma **estimativa confiável** do valor da obrigação.

OBS: As provisões são distinguidas dos outros passivos, pois há incerteza em relação ao prazo ou ao valor do desembolso futuro.

20.2. MENSURAÇÃO

O valor reconhecido como provisão **deve ser a melhor estimativa** do desembolso exigido para liquidar a obrigação presente na data do balanço.

Quando a previsão envolve uma grande população de itens, a obrigação **deve ser estimada ponderando-se todos os possíveis desfechos pelas suas probabilidades associadas.**

Exemplo 1:

A entidade vende bens com uma garantia segundo a qual os clientes estão cobertos pelo custo da reparação de qualquer defeito de fabricação que se tornar evidente dentro dos primeiros seis meses após a compra.

Se forem detectados defeitos menores em todos os produtos vendidos, a entidade irá incorrer em custos de reparação de **R$ 1.000.000,00**. Se forem detectados defeitos maiores em todos os produtos vendidos, a entidade irá incorrer em custos de reparação de **R$ 4.000.000,00**.

A experiência passada da entidade e as expectativas futuras indicam que, para o próximo ano, 75% dos bens vendidos não terão defeito, 20% dos bens vendidos terão defeitos menores e 5% dos bens vendidos terão defeitos maiores.

Logo, o valor esperado do custo das reparações é: (75% x 0) + (20% x R$ 1.000.000,00) + (5% de R$ 4.000.000,00) = **R$ 400.000**.

Exemplo 2:

A Cia X vende um produto com um ano de garantia. No ano de X3 foram vendidas 200.000 unidades desse produto.

O setor da manutenção estimou um custo de R$ 30,00 para consertar defeitos pequenos, R$ 50,00 para consertar defeitos moderados e R$ 75,00 para consertar defeitos maiores.

A partir das vendas dos anos anteriores, a CIA X elaborou os seguintes dados:

- 75% dos produtos vendidos não tiveram defeitos
- 12% dos produtos vendidos tiveram defeitos pequenos
- 8% dos produtos vendidos tiveram defeitos médios
- 5% dos produtos vendidos tiveram defeitos grandes

Com base nas informações acima, qual o valor a ser provisionado pela empresa com gastos de manutenção?

RESOLUÇÃO:

(200.000 X 0,75 X 0)	=	0,00
(200.000 X 0,12 X 30,00)	=	720.000,00
(200.000 X 0,08 X 50,00)	=	800.000,00
(200.000 X 0,05 X 75,00)	=	750.000,00
Provisão Total		**2.270.000,00**

20.3. **RECONHECIMENTO**

As provisões devem ser avaliadas em cada data de balanço e ajustadas para refletir a melhor estimativa corrente.

Seguem os lançamentos contábeis no reconhecimento/reversão de uma provisão:

Constituição:

D Despesas com Provisão (Despesa)

C Provisão (Passivo)

Reversão:

D Provisão (Passivo)

C Receita de reversão da provisão (Receita)

20.4. **PASSIVO CONTINGENTE**

De acordo com a referida norma, passivo contingente é:

Uma obrigação possível que resulta de eventos passados e **cuja existência será confirmada** apenas pela ocorrência ou não de um ou mais eventos futuros incertos não totalmente sob controle da entidade ou

Uma obrigação presente que resulta de eventos passados, **mas que não é reconhecida porque não é provável que uma saída de recursos** que incorporam benefícios econômicos seja exigida para liquidar a obrigação ou o **valor da obrigação não pode ser mensurado com suficiente confiabilidade.**

Nesse sentido, a entidade **não deve reconhecer um passivo contingente**.

Apenas deverá divulgá-lo, a menos que **seja remota a possibilidade de uma saída de recursos que incorporam benefícios econômicos.**

RESUMO

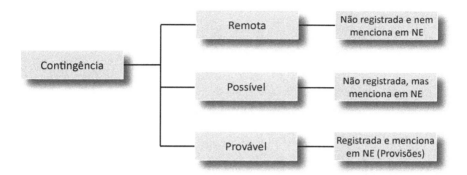

IMPORTANTE

Como saber o que é provável?

Provável é **quando a probabilidade de acontecer uma saída de recursos for superior a 50%** (ou seja, a probabilidade de acontecer tal evento é maior do que a de não acontecer).

Exemplo:

A empresa Alpha S.A. possuía alguns processos judiciais em andamento, conforme os dados a seguir:

Processo	Prov. Reconhecida 12/X2	Prob. Perda 06/X3	Valor Estim. Perda em 06/X3
1	R$ 50.000,00	Provável	R$ 60.000,00
2	Não há	Remota	Não há
3	R$ 30.000,00	Possível	R$ 40.000,00
4	Não há	Possível	R$ 15.000,00
5	Não há	Provável	R$ 25.000,00

Com base nestas informações, o que a empresa Alpha S.A. deve fazer em 06/X3?

RESOLUÇÃO:

Processo 1: Complementa a provisão em R$ 10.000,00

Processo 2: Nada faz

Processo 3: Reverte a provisão de R$ 30.000,00 (Inclui em NE)

Processo 3: Não registra provisão (Inclui em NE)

Processo 4: Reconhece a provisão de R$ 25.000,00

20.5. ATIVO CONTINGENTE

Ativo contingente é um ativo possível que resulta de eventos passados e cuja existência será confirmada apenas pela ocorrência ou não de um ou mais eventos futuros incertos não totalmente sob controle da entidade.

Os ativos contingentes **não são reconhecidos nas demonstrações contábeis**, uma vez que pode tratar-se de resultado que nunca venha a ser realizado.

Porém, quando a realização do ganho é praticamente certa, então o ativo relacionado não é um ativo contingente e o seu reconhecimento é adequado.

Temos um bom exemplo de ativo contingente uma possibilidade de ganho em processo judicial. Enquanto, a sentença não sair, a realização é incerta, logo, nenhum valor deverá ser contabilizado como ativo.

20.6. VALOR PRESENTE

Quando o efeito do **valor do dinheiro no tempo é material**, o valor da provisão **deve ser o valor presente dos desembolsos que se espera que sejam exigidos para liquidar a obrigação.**

Em função disso, as provisões são descontadas, quando o efeito é material.

20.7. MUDANÇA NA PROVISÃO

As provisões **devem ser reavaliadas em cada data de balanço e ajustadas para refletir a melhor estimativa corrente.**

Se **já não for mais provável** que seja necessária uma saída de recursos que incorporam benefícios econômicos futuros para liquidar a obrigação, **a provisão deve ser revertida.**

Quando for utilizado o desconto a valor presente, o valor contábil da provisão aumenta a cada período para refletir a passagem do tempo. Esse aumento **deve ser reconhecido como despesa financeira.**

20.8. REESTRUTURAÇÃO

De acordo com o CPC 25 uma provisão para custos de reestruturação deve ser reconhecida somente quando:

(a) a entidade tem uma obrigação presente (legal ou não formalizada) como resultado de evento passado;

(b) seja provável que será necessária uma saída de recursos que incorporam benefícios econômicos para liquidar a obrigação; e

(c) possa ser feita uma estimativa confiável do valor da obrigação.

Uma obrigação não formalizada para reestruturação surge somente quando a entidade:

(a) tiver um plano formal detalhado para a reestruturação, identificando pelo menos:

(i) o negócio ou parte do negócio em questão,

(ii) os principais locais afetados,

(iii) o local, as funções e o número aproximado de empregados que serão incentivados financeiramente a se demitir,

(iv) os desembolsos que serão efetuados; e

(v) quando o plano será implantado; ou

(b) tiver criado expectativa válida naqueles que serão afetados pela reestruturação, seja ao começar a implantação desse plano ou ao anunciar as suas principais características para aqueles afetados pela reestruturação.

Exemplo:

Em dezembro de 2018, a administração de determinada empresa decidiu encerrar as atividades em uma de suas unidades a partir de 2019, a fim de cortar custos.

A notícia foi mantida em sigilo, sendo que apenas os diretores e o contador sabiam dos planos para esta unidade.

Dado que os custos com rescisões trabalhistas eram estimados em R$ 300.000,00 e, com outros gastos, em R$ 150.000,00, a empresa deveria reconhecer a provisão?

Resolução:

Não deve contabilizar a provisão, pois a notícia foi mantida em sigilo!

Ou seja, nenhum dos requisitos do CPC 25 foi atendido, quais sejam:

A entidade ter começado a implementação do plano de reestruturação

ou

A entidade ter anunciado as principais características do plano de reestruturação àqueles afetados por ele, de forma suficientemente específica, criando neles expectativa válida de que a entidade fará a reestruturação.

21

DEMONSTRAÇÃO DO RESULTADO DO EXERCÍCIO

Demonstração que **evidencia o confronto entre receitas e despesas da entidade em determinado período.**

Ou seja, a DRE objetiva evidenciar a situação econômica da entidade, medindo o **desempenho da entidade.**

É apresentada de forma vertical, ou seja, das receitas subtraem-se as despesas e os custos e, em seguida, indica-se o resultado (**lucro ou prejuízo**).

Os valores registrados se baseiam no **princípio da competência.**

Cumpre destacar que todas as **mutações do patrimônio líquido não resultantes das transações com os sócios** devem estar reconhecidas na DRE.

> **IMPORTANTE:** O resultado da DRE integra o PL da entidade!

21.1. DRE - LEI 6.404/76

De acordo o artigo 187 da **Lei 6.404/76,** a demonstração do resultado do exercício discriminará:

I - a receita bruta das vendas e serviços, as deduções das vendas, os abatimentos e os impostos;

II - a receita líquida das vendas e serviços, o custo das mercadorias e serviços vendidos e o lucro bruto;

III - as despesas com as vendas, as despesas financeiras, deduzidas das receitas, as despesas gerais e administrativas, e outras despesas operacionais;

IV – o lucro ou prejuízo operacional, as outras receitas e as outras despesas; (**Redação dada pela Lei nº 11.941, de 2009**);

V - o resultado do exercício antes do Imposto sobre a Renda e a provisão para o imposto;

VI – as participações de debêntures, empregados, administradores e partes beneficiárias, mesmo na forma de instrumentos financeiros, e de instituições ou fundos de assistência ou previdência de empregados, que não se caracterizem como despesa; (Redação dada pela Lei nº 11.941, de 2009);

VII - o lucro ou prejuízo líquido do exercício e o seu montante por ação do capital social.

§ 1º Na determinação do resultado do exercício serão computados:

a) as receitas e os rendimentos ganhos no período, independentemente da sua realização em moeda; e

b) os custos, despesas, encargos e perdas, pagos ou incorridos, correspondentes a essas receitas e rendimentos.

ESTRUTURA SEGUNDO A LEI 6.404/76

	FATURAMENTO BRUTO
(-)	IPI sobre faturamento bruto
=	**Receita Operacional Bruta**
(-)	Deduções
=	**Receita Operacional Líquida**
(-)	Custo das vendas
=	**Resultado Operacional Bruto**
(-)	Despesas operacionais
(+/-)	**Despesas financeiras líquidas**
=	**Resultado Operacional**

(+/-)	Outas Receitas e Despesas
=	Resultado antes dos tributos sobre o lucro
(-)	IRPJ/CSLL
=	Resultado antes das participações
(-)	Participações
=	Resultado Líquido do Exercício/Resultado Líquido por Ação

21.2. **DRE – CPC 26**

De forma complementar, o CPC 26 estabelece uma estrutura mínima para a DRE, obedecidas as determinações legais, composta por:

(a) receitas

(b) custo dos produtos, das mercadorias ou dos serviços vendidos

(c) lucro bruto

(d) despesas com vendas, gerais, administrativas e outras despesas e receitas operacionais

(e) parcela dos resultados de empresas investidas reconhecida por meio do método de equivalência patrimonial

(f) resultado antes das receitas e despesas financeiras

(g) despesas e receitas financeiras

(h) resultado antes dos tributos sobre o lucro

(i) despesa com tributos sobre o lucro

(j) resultado líquido das operações continuadas

(k) valor líquido dos seguintes itens:

(i) **resultado líquido após tributos das operações descontinuadas;**

(ii) **resultado após os tributos decorrente da mensuração ao valor justo menos despesas de venda ou na baixa dos ativos ou do grupo de ativos à disposição para venda que constituem a unidade operacional descontinuada.**

(l) resultado líquido do período.

Ainda, de acordo com o CPC 26, devem ser divulgados na Demonstração Consolidada do Resultado do Exercício, como alocação do resultado do exercício os resultados líquidos atribuíveis:

(i) À participação de sócios não controladores; e

(ii) Aos detentores do capital próprio da empresa controladora.

ESTRUTURA SEGUNDO O CPC 26

	Receita Líquida
(-)	Custo das vendas
=	**Resultado Operacional Bruto**
(-)	Despesas operacionais
(+/-)	**Outas Receitas e Despesas**
(+/-)	Resultado de equivalência patrimonial
=	**Resultado antes das receitas e despesas financeiras**
(+/-)	Resultado financeiro
=	**Resultado antes dos tributos sobre o lucro**
(-)	IRPJ/CSLL
=	**Resultado líquido das operações continuadas**
(+/-)	Resultado líquido das operações descontinuadas
=	**Resultado Líquido do Exercício/Resultado Líquido por Ação**

Principais diferenças:

Receita Bruta x Receita Líquida

Pela 6.404/76, a DRE inicia-se pela Receita Bruta, enquanto pelo CPC 26 inicia-se pela Receita Líquida.

Evidenciação destacada do resultado de equivalência patrimonial

Pelo CPC 26, é necessária a apresentação em separado dos resultados provenientes da **avaliação de investimentos pelo método de equivalência patrimonial.**

Segregação das despesas e receitas financeiras

No CPC 26, é necessária a separação do **resultado financeiro** do **resultado operacional** da empresa.

Resultado das operações descontinuadas

Uma operação é considerada descontinuada quando a empresa encerra uma linha de produção ou uma unidade de negócios específica e **por isso os resultados com operações descontinuadas não serão considerados como operacionais e de acordo com o CPC 26 devem aparecer de forma destacada.**

O CPC 26 também aborda a necessidade de divulgação, **de forma separada,** da natureza e montantes dos itens de **receita e despesa quando estes são relevantes**, quais sejam:

(a) reduções nos estoques ao seu valor realizável líquido ou no ativo imobilizado ao seu valor recuperável, bem como as reversões de tais reduções;

(b) reestruturações das atividades da entidade e reversões de quaisquer provisões para gastos de reestruturação

(c) baixas de itens do ativo imobilizado

(d) baixas de investimento

(e) unidades operacionais descontinuadas

(f) solução de litígios e

(g) outras reversões de provisões.

Ainda de acordo com o pronunciamento técnico, as despesas na DRE podem ser apresentadas de duas formas:

- Pelo método da **natureza** da despesa
- Pelo método da **função** da despesa

MÉTODO DA NATUREZA DA DESPESA

As despesas são apresentadas na demonstração do resultado de **acordo com a sua natureza** (por exemplo, depreciações, compras de materiais, despesas com transporte, benefícios aos empregados e despesas de publicidade), **não sendo realocados entre as várias funções dentro da entidade.**

Esse método pode ser simples de aplicar porque não são necessárias alocações de gastos a classificações funcionais.

Exemplo:

Receitas	6.000
Variação do estoque de produtos acabados e em elaboração	600
Consumo de matérias-primas e materiais	800
Despesa com benefícios a empregados	160
Depreciações e amortizações	300
Despesas com comissões	100
Outras despesas	200
Total da despesa	(2.160)
Resultado antes dos tributos	**3.840**

MÉTODO DA FUNÇÃO DA DESPESA

As despesas são segregadas de acordo **com a sua função como parte do custo dos produtos ou serviços vendidos ou, por exemplo, das despesas de distribuição ou das atividades administrativas.**

Nesse contexto, a entidade deve divulgar o custo dos produtos e serviços vendidos segundo esse método separadamente das outras despesas.

Esse método pode proporcionar informação mais relevante aos usuários do que a classificação de gastos por natureza, mas a alocação de despesas às funções pode exigir alocações arbitrárias e envolver considerável julgamento.

No Brasil, por conta da Lei 6.404/76, as empresas **utilizam o método da função da despesa.**

Exemplo:

Receitas de Vendas	6.000
(-) CMV	(1.400)
Resultado Bruto	4.600

(-) Despesas de vendas	(100)
(-) Despesas administrativas	(460)
(-) Outras despesas	(200)
Resultado antes dos tributos	**3.840**

21.3. ANÁLISE DA ESTRUTURA DA DRE

Dando continuidade a estrutura da demonstração do resultado do exercício, apresentaremos e detalharemos cada subgrupo da demonstração e as contas que pertencem a DRE:

FATURAMENTO BRUTO

No faturamento bruto, além da receita bruta de vendas, inclui-se o **Imposto sobre Produtos Industrializados (IPI) incidente na operação de venda.**

RECEITA OPERACIONAL BRUTA

É o total vendido no período, sendo **nela inclusos os tributos sobre vendas e serviços** (os quais pertencem ao governo) e dela não foram subtraídas as deduções ocorridas no período.

DEDUÇÕES DA RECEITA

São ajustes (e não despesas) realizados sobre a Receita Bruta para se apurar a Receita Líquida.

O que interessa para a empresa é efetivamente a Receita Líquida que é o que sobra em termos de receita.

Dividem-se em:

- Devoluções de Vendas/Vendas canceladas
- Abatimentos
- Descontos concedidos (Incondicionais)
- Ajuste a Valor Presente de clientes
- Tributos sobre vendas e serviços

Devoluções de vendas

São mercadorias devolvidas por estarem em desacordo com o pedido (preço, qualidade, quantidade, avaria). O comprador, sentindo-se prejudicado, devolve total ou parcialmente a mercadoria.

No Cancelamento das Vendas, o negócio é desfeito antes da mercadoria ser remetida ao comprador.

> **IMPORTANTE:**
>
> Em vez de estornar o valor da devolução diretamente na conta Receita Bruta de Vendas, o procedimento correto é registrá-lo na conta Devolução de Vendas, que será dedução da receita bruta.
>
> O estorno do ICMS deverá ser registrado a débito na conta ICMS a recuperar devido ao retorno da mercadoria no estoque.
>
> O procedimento contábil para as Vendas Canceladas será o mesmo.

Abatimentos

São reduções de preço concedidas pelo vendedor para evitar a devolução da venda ou que o cliente se recuse a aceitar o serviço prestado.

Às vezes, a empresa vendedora, na tentativa de evitar a devolução, propõe um abatimento (redução) no preço para compensar o prejuízo ao comprador.

Dessa forma, tanto a devolução como o abatimento aparecem deduzindo a Receita Bruta na DRE.

> **IMPORTANTE:**
>
> O abatimento não provoca ajustes no estoque, nem no CMV, uma vez que as mercadorias não retornam ao estabelecimento do vendedor.
>
> O ICMS não é afetado pelo abatimento, apesar de o valor recebido ou a receber do cliente ser reduzido. O imposto a recolher é calculado sobre o valor original da operação de venda. (Ver adiante no tópico operações com mercadorias).

Exemplo:

Suponha-se que determinada Cia. tenha vendido R$ 5.000,00 em mercadorias de má qualidade, metade para o comprador A e metade para B. A empresa A devolveu 20% do lote e a empresa B aceitou a proposta da Cia. de 10% de abatimento para evitar devolução.

DRE		
Receita Bruta		R$ 5.000,00
(-) Deduções	Devolução	(R$ 500,00)
	Abatimentos	(R$ 250,00)
Receita Líquida		R$ 4.250,00

Descontos Incondicionais

Conhecidos também como "Descontos Comerciais", são aqueles que ocorrem antes ou no ato da venda devido a vários motivos: pela grande quantidade de mercadoria a ser adquirida, por ser um cliente especial, por se tratar de política da empresa etc.

Devem constar na nota fiscal de venda (Reduzem a BC do ICMS).

Não são confundidos com os descontos financeiros (chamados também de descontos condicionais), os quais são concedidos após a aquisição da mercadoria. Esses são classificados como despesas financeiras (Exemplo: Desconto de 10% concedido ao cliente por ter efetuado pagamento antes do vencimento)

Ajuste a valor presente de clientes

É a contrapartida da conta redutora do ativo (Juros a apropriar ou Encargos a transcorrer) e não tem efeitos fiscais. Está de acordo com o CPC 12 (Ajuste a valor presente)

Tributos sobre vendas e serviços

São dedutíveis todos os tributos que guardam proporcionalidade com o preço praticado (aumentam proporcionalmente às vendas e serviços prestados).

Os principais são:

- Impostos sobre circulação de mercadorias e serviços (ICMS)

- Impostos sobre serviços (ISS)

- Programa de Integração Social (PIS)

- Contribuição para o financiamento da seguridade social (COFINS)

O IPI não é dedução da receita bruta e sim do faturamento bruto por ser um imposto por fora.

Exemplo:

Determinada indústria emitiu uma nota fiscal de venda cujo preço do produto foi de R$ 10.000,00 mais 30% de IPI. O ICMS (com alíquota de 18%) está incluso no preço do produto (a alíquota de ICMS pode variar de Estado para Estado) e o IPI vem destacado por fora da nota:

Nota Fiscal	
Preço do Produto	R$ 10.000,00
+ IPI (30%)	R$ 3.000,00
Preço total	R$ 13.000,00
18% (alíquota em SP)X R$ 10.000,00	R$ 1.800,00

DRE		
Faturamento Bruto		R$ 13.000,00
(-) IPI sobre faturamento	IPI	(R$ 3.000,00)
Receita Bruta		R$ 10.000,00
(-) Deduções	ICMS	(R$ 1.800,00)
Receita Líquida		R$ 8.200,00

IMPORTANTE

Na verdade, os tributos sobre vendas não pertencem à empresa, mas ao governo. Ela é uma mera intermediária (veículo de arrecadação) que arrecada impostos junto ao consumidor e recolhe ao governo; por isso, não devem ser considerados como receita real da empresa.

RECEITA OPERACIONAL LÍQUIDA

É a receita operacional bruta menos as deduções citadas anteriormente.

Faturamento Bruto

(-) IPI sobre faturamento

= Receita Operacional Bruta

(-) Deduções

= Receita Operacional Líquida

CUSTOS DAS VENDAS

Os custos de vendas têm relação com os gastos para produzir e vender os produtos e mercadorias que foram vendidos bem como os serviços que foram executados, podendo ser divididos em:

Custo das mercadorias vendidas (CMV): em empresas comerciais, são os gastos para aquisição de mercadorias, as quais tenham sido vendidas.

CMV = Estoque Inicial + Compras Líquidas – Estoque Final

Custo dos produtos vendidos (CPV): em empresas industriais, são os gastos realizados na fabricação de produtos (matéria-prima, embalagens, mão-de-obra e demais gastos de fabricação), os quais tenham sido vendidos.

CPV = EI de Produtos Acabados + Produtos Acabados – EF de Produtos Acabados

Custo dos serviços prestados (CSP): são os gastos realizados na prestação de serviços (mão-de-obra, materiais consumidos e demais gastos), os quais tenham sido prestados.

CSP = Materiais consumidos + MOD + Custos Indiretos

IMPORTANTE:

O que são compras líquidas?

Compras Brutas

(-) Devolução de compras

(-) Abatimentos sobre compras

(-) Descontos incondicionais obtidos

(+) Fretes e seguros sobre compras

= Compras líquidas

RESULTADO OPERACIONAL BRUTO

É a receita operacional líquida menos os custos de vendas.

Faturamento Bruto

(-) IPI sobre faturamento

= Receita Operacional Bruta

(-) Deduções

= Receita Operacional Líquida

(-) Custos de vendas

= Resultado Operacional Bruto

DESPESAS OPERACIONAIS

São as necessárias para vender os produtos, administrar a empresa e todas aquelas sacrificadas para a manutenção da atividade operacional da empresa.

Os principais grupos de Despesas Operacionais são:

- Despesas com vendas
- Despesas gerais e administrativas

DESPESAS COM VENDAS

São relacionadas ao setor comercial, ou seja, ao departamento de vendas.

Abrangem desde a promoção do produto até sua colocação junto ao consumidor (comercialização e distribuição).

Exemplos: despesas com o pessoal da área de vendas, comissões sobre venda, propaganda e publicidade e marketing, frete sobre vendas, manutenção de veículos destinados à entrega de mercadorias etc.

DESPESAS GERAIS E ADMINISTRATIVAS

São aquelas necessárias para administrar (dirigir) a empresa.

De maneira geral, são gastos nos escritórios que visam à direção ou à gestão da empresa.

Exemplos: água, energia elétrica, honorários administrativos, salários e encargos sociais do pessoal administrativo, aluguéis de escritórios, materiais de escritório, seguros, depreciação de móveis e utensílios, assinaturas de jornais, manutenção de veículos utilizados pelo setor administrativo etc.

IMPORTANTE

Podem existir outras despesas operacionais que não se enquadram como despesas de vendas e gerais/administrativas.

Exemplos: Multas, Provisões, Perda por *Impairment*, Variações cambiais passivas etc.

Assim como podem existir outras receitas que não sejam provenientes de vendas e serviços, tampouco receitas financeiras.

Exemplos: Receita de Aluguel, Reversão de Provisões, Variações cambiais ativas etc.

RESULTADO DE EQUIVALÊNCIA PATRIMONIAL

É o resultado positivo ou negativo decorrente de participação no capital social de outras entidades.

Por exemplo, se a empresa Alfa possui 50% do capital social da empresa Beta, e esta obtém um lucro de R$ 100.000,00, a empresa Alfa tem direito a 50% desse valor, ou seja, R$ 50.000,00.

OUTRAS RECEITAS E DESPESAS

Compreendem **os ganhos ou as perdas de capital** resultantes da alienação de bens do ativo não circulante (**exceto o realizável a longo prazo**), podendo ser de forma onerosa (decorrente de venda) ou a título gratuito (decorrente de doação).

RESULTADO FINANCEIRO

É o resultado líquido do confronto entre **Despesas Financeiras e Receitas Financeiras.**

Despesas Financeiras: Remunerações aos capitais de terceiros, tais como juros pagos ou incorridos (juros passivos), comissões bancárias, descontos concedidos, juros de mora pagos, juros sobre capital próprio etc.

Receitas Financeiras: São as derivadas de juros ganhos nas aplicações financeiras, juros de mora recebidos (juros ativos), descontos obtidos etc.

Para finalizar a apresentação da estrutura da Demonstração do Resultado do Exercício apresentaremos os demais grupos da DRE:

IMPOSTO DE RENDA E CONTRIBUIÇÃO SOCIAL

O IRPJ (Imposto de Renda Pessoa Jurídica) e a CSLL (Contribuição Social sobre o Lucro Líquido) são tributos que incidem sobre o "lucro real" da empresa, caso sejam optantes pelo regime de tributação lucro real (é o que cai em prova, mas sem entrar no mérito dos cálculos conforme a legislação tributária).

Caso sejam optantes pelo lucro presumido, tais tributos incidem por uma presunção do lucro a partir da receita e caso sejam optantes pelo Simples Nacional, tais tributos incidem sobre o faturamento da empresa.

OPERAÇÕES CONTINUADAS E DESCONTINUADAS

Operações continuadas são aquelas que a empresa pretende realizar do presente para o futuro, com prazo indeterminado.

Operações Descontinuadas são aquelas que estão em processo de acabar, a empresa já definiu prazo para seu fim (devem ser evidenciadas em montante único e separadas das operações normais).

PARTICIPAÇÕES

As empresas poderão pagar participações sobre o lucro, caso estejam determinadas em estatuto e alinhadas com a legislação, quais sejam:

- **Debêntures** (Empréstimos obtidos junto ao público em geral com pagamento de juros)

- **Empregados e Administradores** (Complemento à remuneração dos empregados e administradores normalmente definidos em estatuto. A participação no lucro ou no resultado para os empregados é obrigatória)

- **Partes Beneficiárias** (Concedidas às pessoas que tiveram atuação relevante no destino da sociedade (fundadores, reestruturadores etc.)
- **Instituições ou Fundos de Assistência**

IMPORTANTE

Conforme a Lei 6.404/76 a participação dos lucros deverá seguir a sequência acima com base nos lucros que remanescerem depois de deduzida a participação anteriormente calculada.

Segundo o artigo 190, as participações estatutárias de empregados, administradores e partes beneficiárias **serão determinadas, sucessivamente e nessa ordem, com base nos lucros que remanescerem depois de deduzida a participação anteriormente calculada.**

Exemplo:

Lucro antes dos tributos	1.200
(-) IRPJ/CSLL	(200)
Lucro antes das participações	**1.000**
Participações:	
(-) Debenturistas	10%
(-) Empregados	10%
(-) Administradores	10%
(-) Titulares de partes beneficiárias	10%

CÁLCULO DA PARTICIPAÇÃO DOS DEBENTURISTAS:

Lucro antes das participações	**1.000**
% de Participação dos Debenturistas	X 10%
Participação dos Debenturistas	**100**

CÁLCULO DA PARTICIPAÇÃO DOS EMPREGADOS:

Lucro antes das participações	**1.000**
(-) Participação dos Debenturistas	(100)
BC cálculo Participação dos Empregados	**900**
% de Participação dos Empregados	X 10%
Participação dos Empregados	**90**

CÁLCULO DA PARTICIPAÇÃO DOS ADMINISTRADORES:

Lucro antes das participações	**1.000**
(-) Participação dos Debenturistas	(100)
(-) Participação dos Empregados	(90)
BC Participação dos Administradores	**810**
% de Participação dos Administradores	X 10%
Participação dos Administradores	**81**

CÁLCULO DA PARTICIPAÇÃO DOS TITULARES DE PARTES BENEFICIÁRIAS:

Lucro antes das participações	**1.000**
(-) Participação dos Debenturistas	(100)
(-) Participação dos Empregados	(90)
(-) Participação dos Administradores	(81)
BC Participação dos Titulares de PB	**729**
% de Participação dos Titulares de PB	X 10%
Participação dos Titulares de PB	**73**

RESUMO:

Lucro antes das participações	**1.000**
(-) Participação dos Debenturistas	(100)
(-) Participação dos Empregados	(90)
(-) Participação dos Administradores	(81)
(-) Participação dos Titulares de PB	(73)
Lucro líquido do Exercício	**656**

> **IMPORTANTE:**
>
> Os prejuízos acumulados devem ser deduzidos da base de cálculo das participações.
>
> Exemplo:
>
> Resultado do Exercício antes das participações = 600.000
>
> Prejuízos Acumulados = 100.000
>
> | | |
> |---|---|
> | Resultado do Exercício antes das participações | 600.000 |
> | (-) Prejuízos Acumulados | (100.000) |
> | **(=) Base de Cálculo Participação dos Debenturistas** | **500.000** |

RESULTADO LÍQUIDO/RESULTADO POR AÇÃO

O Resultado Líquido é a sobra líquida à disposição dos proprietários da empresa, os quais decidem a **parcela do lucro que será reinvestida na empresa, o que será convertido em reserva e a parte que será distribuída aos donos de capital (na forma de dividendos).** Para calcular o resultado por ação **baste dividir o resultado líquido pela quantidade de ações em que está dividido o capital da empresa (exceto as ações em tesouraria).**

Exemplo:

O capital social da Companhia A, em 31/12/2017, era composto por 5.000 ações ordinárias. Em 02/01/2018, ela adquiriu no mercado 500 ações de sua própria emissão permanecendo em tesouraria até fevereiro de 2019. Sabendo que, em 2018, a Companhia A obteve um lucro atribuível aos titulares das ações de R$ 225.000,00, qual foi o resultado por ação apresentado por ela, em 31/12/2018, em reais?

Resultado Líquido =	R$ 225.000,00
Ações líquidas =	4.500 ações (5.000 – 500)
Resultado por ação =	**R$ 50,00 (R$ 225.000,00 / 4.500)**

22

ESTRUTURA CONCEITUAL – CPC 00

A Resolução CFC nº 750/93 estabeleceu os Princípios Fundamentais da Contabilidade, sendo segregados em:

Entidade: Patrimônio da entidade não se confunde com o dos sócios

Continuidade: Presume-se que a entidade continuará em operação

Oportunidade: Informações íntegras e tempestivas

Registro pelo Valor Original: Custo de aquisição ou de produção

Atualização Monetária: Reconhecimento dos efeitos de alteração do poder aquisitivo da moeda, caso a inflação acumulada no triênio seja superior a 100% **(Revogado pela Resolução CFC nº 1.282/10)**

Competência: Fatos são registrados no momento em que efetivamente ocorrem

Prudência: Adoção de valor menor para o ativo e maior para o passivo

Devido à convergência da legislação brasileira às normas internacionais de contabilidade, tornou-se necessário um estudo profundo doutrinário sobre a estrutura para elaboração das demonstrações contábeis no país.

Nesse contexto, a Resolução CFC nº 1.121/2008 aprovou a Estrutura Conceitual para a elaboração e apresentação das demonstrações contábeis no Brasil.

Em 2011, essa resolução passou a ser intitulada NBC TG Estrutura Conceitual (NBC TG 00), equivalente ao **CPC 00.**

Em 2016, o CFC revogou as Resoluções nº 750/93 e nº 1.282/10 (Os princípios permanecem dentro da Estrutura Conceitual).

Atualmente, está em vigor a **Revisão 2 do CPC 00** (Publicada em 10/12/2019).

22.1. ESTRUTURA CONCEITUAL - CPC 00

Conjunto de princípios que estabelece os conceitos que fundamentam a **preparação e a apresentação de demonstrações contábeis destinadas a usuários externos.**

É extremamente importante para a contabilidade, pois serve como arcabouço para a **elaboração das normas contábeis e base de suporte** para a contabilização de transações ou eventos não cobertos por alguma norma.

22.2. FINALIDADES

A Estrutura Conceitual para Relatório Financeiro (Estrutura Conceitual) **descreve o objetivo do, e os conceitos para, relatório financeiro para fins gerais.**

A finalidade desta Estrutura Conceitual é:

(a) **auxiliar** o **desenvolvimento** das Normas Internacionais de Contabilidade (IFRS) para que tenham base em conceitos consistentes;

(b) **auxiliar** os **responsáveis pela elaboração** (preparadores) dos relatórios financeiros a desenvolver políticas contábeis consistentes quando nenhum pronunciamento se aplica à determinada transação ou outro evento, ou quando o pronunciamento permite uma escolha de política contábil; e

(c) auxiliar todas as partes a **entender e interpretar** os Pronunciamentos

> **IMPORTANTE:**
> Esta Estrutura Conceitual **não é um pronunciamento técnico propriamente dito.**
> Nada contido nesta Estrutura Conceitual **se sobrepõe a qualquer pronunciamento ou qualquer requisito em pronunciamento.**

22.3. **OBJETIVO DO RELATÓRIO FINANCEIRO**

O objetivo do relatório financeiro para fins gerais é de **fornecer informações financeiras sobre a entidade** que reporta que sejam úteis para investidores, credores por empréstimos e outros credores, existentes e potenciais, na tomada de decisões referente à oferta de recursos à entidade.

Essas decisões envolvem decisões sobre:

(a) comprar, vender ou manter instrumento de patrimônio e de dívida;

(b) conceder ou liquidar empréstimos ou outras formas de crédito; ou

(c) exercer direitos de votar ou de outro modo influenciar os atos da administração que afetam o uso dos recursos econômicos da entidade.

Cumpre destacar que **usuários primários individuais** têm necessidades e desejos de informação diferentes e possivelmente conflitantes.

Ao desenvolver os pronunciamentos, buscou-se **fornecer um conjunto de informações que atenda às necessidades do maior número de principais usuários.**

Contudo, concentrar-se em necessidades de informação ordinárias não impede que a entidade que reporta inclua informações adicionais que sejam mais úteis para um subconjunto específico de principais usuários.

22.4. **OUTROS ASPECTOS DECORRENTES DA ESTRUTURA CONCEITUAL**

Também são aspectos que decorrem do objetivo da Estrutura Conceitual:

- Características qualitativas de informações financeiras úteis

- A restrição de custo sobre tais informações

- Conceito de entidade que reporta as demonstrações contábeis

- Elementos das demonstrações contábeis

- Reconhecimento e desreconhecimento dos elementos das demonstrações contábeis

- Mensuração, apresentação e divulgação dos elementos das demonstrações contábeis

22.5. CARACTERÍSTICAS QUALITATIVAS DE INFORMAÇÕES FINANCEIRAS ÚTEIS

Para serem consideradas úteis, as informações financeiras devem possuir as seguintes características qualitativas:

CARACTERÍSTICAS QUALITATIVAS	
FUNDAMENTAIS	MELHORIAS
Relevância	Comparabilidade
Representação Fidedigna	Verificabilidade
	Tempestividade
	Compreensibilidade

22.6. CARACTERÍSTICAS FUNDAMENTAIS

São características fundamentais:

- **Relevância:** É aquela capaz de fazer diferença **nas decisões** que possam ser tomadas pelos usuários (**Valor preditivo, confirmatório ou ambos**)

- **Representação fidedigna:** Para ser fidedigna, a realidade retratada precisa ter três atributos: **completa**, **neutra** e **livre de erro**. (Neutro é diferente de prudente)

22.7. CARACTERÍSTICAS DE MELHORIA

São características de melhoria:

- **Comparabilidade:** Permitir que os usuários possam **comparar** as informações contábeis de uma entidade ao longo do tempo ou a comparação dos dados de diferentes entidades

- **Verificabilidade:** Ajuda a assegurar aos usuários que a informação representa **fidedignamente** o fenômeno econômico que se propõe representar

- **Tempestividade:** Ter informação disponível para tomadores de **decisão a tempo** de poder influenciá-los em suas decisões

- **Compreensibilidade** As informações devem ser **prontamente entendidas pelos usuários**, presumindo que os mesmos tenham um conhecimento razoável dos negócios

22.8. RESTRIÇÕES DE CUSTO

O custo é uma restrição generalizada sobre as informações que podem ser fornecidas pelo relatório financeiro. O relatório de informações financeiras impõe custos, e é importante que **esses custos sejam justificados pelos benefícios de apresentar essas informações.**

Ao aplicar a restrição de custo, deve-se **avaliar se é provável que os benefícios do relatório de informações específicas justificam os custos incorridos para fornecer e utilizar essas informações.**

Ao aplicar a restrição de custo no desenvolvimento de pronunciamento proposto, buscam-se informações de fornecedores de informações financeiras, usuários, auditores, acadêmicos e outros sobre a natureza e a quantidade esperada dos benefícios e custos desse pronunciamento.

22.9. ESSÊNCIA SOBRE A FORMA

Valorizar a essência de cada operação ao invés do que está descrito em qualquer documento, nota fiscal ou contrato.

Para que a informação represente adequadamente as transações e outros eventos que ela se propõe a representar, **é necessário que essas transações e eventos sejam contabilizados e apresentados de acordo com a sua substância e realidade econômica**, e não meramente sua forma legal (Ex.: Contratos de arrendamento).

22.10. DEMONSTRAÇÕES CONTÁBEIS

O objetivo das demonstrações contábeis é **fornecer informações financeiras sobre os ativos, passivos, patrimônio líquido, receitas e despesas** da entidade que reporta que **sejam úteis aos usuários das demonstrações**

contábeis na avaliação das perspectivas para futuros fluxos de entrada de caixa líquidos para a entidade que reporta e na avaliação da gestão de recursos da administração sobre os recursos econômicos da entidade.

As demonstrações contábeis são elaboradas **para um período de tempo específico e para ajudar os usuários das demonstrações contábeis** a identificarem e avaliarem mudanças e tendências, devem fornecer informações comparativas de, pelo menos, um período de relatório anterior.

Além disso, são **normalmente elaboradas com base na suposição de que a entidade que reporta está em continuidade operacional** e continuará em operação no futuro previsível.

Assim, presume-se que a entidade **não tem a intenção nem a necessidade de entrar em liquidação ou deixar de negociar.** Se existe essa intenção ou necessidade, as demonstrações contábeis podem ter que ser elaboradas em base diferente.

Em caso afirmativo, as demonstrações contábeis descrevem a base utilizada.

22.11. ENTIDADE QUE REPORTA

A entidade que reporta é a **entidade que é obrigada a, ou decide, elaborar demonstrações contábeis.**

Pode ser uma única entidade ou parte da entidade ou até mesmo compreender mais de uma entidade.

Nesse contexto, podem surgir as demonstrações consolidadas, não consolidadas e combinadas.

22.12. ELEMENTOS DAS DEMONSTRAÇÕES CONTÁBEIS

Os elementos das demonstrações contábeis definidos nesta Estrutura Conceitual são:

(a) **ativos, passivos e patrimônio líquido**, que se referem à **posição financeira** da entidade que reporta; e

(b) **receitas e despesas**, que se referem ao **desempenho financeiro** da entidade que reporta.

21.13. **ATIVO**

Ativo é um **recurso econômico presente controlado pela entidade como resultado de eventos passados.**

Recurso econômico é um **direito** que tem o **potencial de produzir benefícios econômicos.**

Um recurso econômico pode produzir benefícios econômicos para a entidade ao autorizá-la ou ao permiti-la fazer, por exemplo, um ou mais dos seguintes atos:

(a) receber fluxos de caixa contratuais ou outro recurso econômico;

(b) trocar recursos econômicos com outra parte em condições favoráveis;

(c) produzir fluxos de entrada de caixa ou evitar fluxos de saída de caixa, por exemplo:

(i) utilizando o recurso econômico individualmente ou em combinação com outros recursos econômicos para produzir produtos ou prestar serviços;

(ii) utilizando o recurso econômico para melhorar o valor de outros recursos econômicos; ou

(iii) arrendando o recurso econômico a outra parte;

(d) receber caixa ou outros recursos econômicos por meio da venda do recurso econômico; ou

(e) extinguir passivos por meio da transferência do recurso econômico

A entidade controla um recurso econômico se ela tem a **capacidade presente de direcionar o uso do recurso econômico e obter os benefícios econômicos que podem fluir dele.**

Ou seja, controle inclui a capacidade presente de impedir outras partes de direcionar o uso do recurso econômico e de obter os benefícios econômicos que podem fluir dele.

RESUMO

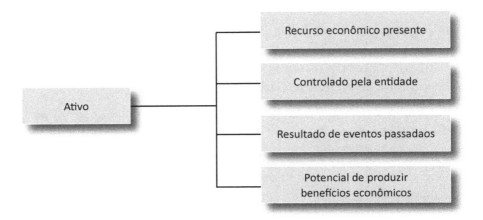

22.14. PASSIVO

É uma **obrigação presente** da entidade de **transferir um recurso econômico** como **resultado de eventos passados**.

A obrigação é o **dever ou responsabilidade que a entidade não tem a capacidade prática de evitar.**

Muitas obrigações são estabelecidas por contrato, legislação ou meios similares e são legalmente exigíveis pela parte (ou partes) para quem são devidas.

No entanto, também podem resultar, contudo, de práticas usuais, políticas publicadas ou declarações específicas da entidade se a entidade não tem capacidade prática de agir de modo inconsistente com essas práticas, políticas ou declarações.

Para satisfazer o segundo critério, a obrigação **deve ter o potencial de exigir que a entidade transfira um recurso econômico para outra parte (ou partes).**

O terceiro critério para um passivo é que a **obrigação seja uma obrigação presente que exista como resultado de eventos passados.**

A obrigação presente existe como resultado de eventos passados somente se:

(a) a entidade já tiver obtido benefícios econômicos ou tomado uma ação; e

(b) como consequência, a entidade terá ou poderá ter que transferir um recurso econômico que de outro modo não teria que transferir.

Os benefícios econômicos obtidos podem incluir, **por exemplo, produtos ou serviços.**

RESUMO

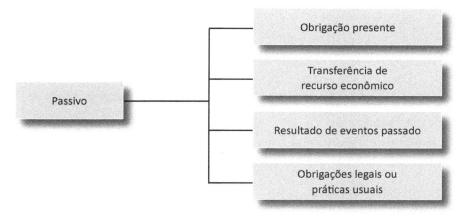

22.15. PATRIMÔNIO LÍQUIDO

É a **participação residual** nos ativos da entidade após a dedução de todos os seus passivos.

Direitos sobre o patrimônio líquido são **direitos sobre a participação residual nos ativos da entidade após a dedução de todos os seus passivos.**

Em outras palavras, são reivindicações contra a entidade que não atendem à definição de passivo.

Essas reivindicações podem ser estabelecidas por contrato, legislação ou meios similares, e incluem, na medida em que não atendem à definição de passivo:

(a) ações de diversos tipos emitidas pela entidade; e

(b) algumas obrigações da entidade de emitir outro direito sobre o patrimônio líquido.

21.16. RECEITAS E DESPESAS

Receitas **são aumentos nos ativos, ou reduções nos passivos**, que resultam em aumentos no patrimônio líquido, **exceto aqueles referentes a contribuições de detentores de direitos sobre o patrimônio.**

Despesas **são reduções nos ativos, ou aumentos nos passivos**, que resultam em reduções no patrimônio líquido, **exceto aqueles referentes a distribuições aos detentores de direitos sobre o patrimônio.**

RESUMO

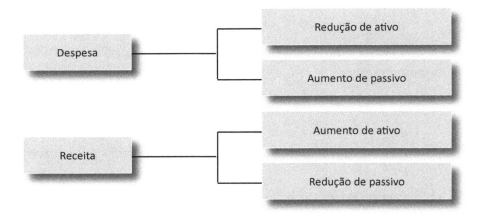

23

PRONUNCIAMENTOS CONTÁBEIS ESPECÍFICOS

Neste capítulo abordaremos os aspectos principais de alguns pronunciamentos contábeis específicos que acreditamos que poderão cair em provas futuras, são eles:

- Apresentação das demonstrações contábeis (CPC 26)

- Ativo Imobilizado (CPC 27)

- Redução ao valor recuperável de ativos (CPC 01)

- Ativos Intangíveis (CPC 04)

- Valor Justo (CPC 46)

- Ajuste a Valor Presente (CPC 12)

23.1. APRESENTAÇÃO DAS DEMONSTRAÇÕES CONTÁBEIS – CPC 26

O referido **pronunciamento determina a base de apresentação das demonstrações contábeis**, buscando garantir a comparabilidade com as demonstrações contábeis de períodos anteriores de uma mesma entidade e entre entidades diferentes.

Ainda estabelece **requisitos de apresentação das demonstrações contábeis**, além de **determinar diretrizes** para a sua estrutura e **requisitos mínimos** para o seu conteúdo.

IMPORTANTE:

Os termos **demonstrações contábeis e demonstrações financeiras são sinônimos**, embora o IASB (órgão responsável pela emissão das IFRS) utilize *financial statements* e o CPC tenha adotado demonstrações contábeis.

As demonstrações contábeis são uma representação estruturada da **posição patrimonial e financeira e do desempenho da entidade.**

O objetivo das demonstrações contábeis é o de proporcionar informação acerca da posição patrimonial e financeira, do desempenho e dos fluxos de caixa da entidade **que seja útil a um grande número de usuários em suas avaliações e tomada de decisões econômicas.**

As demonstrações contábeis também objetivam **apresentar os resultados da atuação da administração,** em face de seus deveres e responsabilidades na gestão dos recursos que lhe foram confiados, proporcionando informações sobre:

(a) ativos

(b) passivos

(c) patrimônio líquido

(d) receitas e despesas, incluindo ganhos e perdas

(e) alterações no capital próprio mediante integralizações dos proprietários e distribuições a eles; e

(f) fluxos de caixa.

Essas informações, juntamente com outras informações constantes **das notas explicativas**, ajudam os usuários das demonstrações contábeis a prever os futuros fluxos de caixa da entidade e, em particular, a época e o grau de certeza de sua geração.

De acordo com o pronunciamento, as **demonstrações contábeis deverão ser claramente identificadas**, bem como, diferenciadas de outras informações publicadas no mesmo documento.

Além disso, as seguintes informações **deverão ser exibidas de forma proeminente**, bem como repetidas, quando necessário, para serem compreendidas:

a) Nome da entidade que reporta;

b) Se as demonstrações financeiras são de uma entidade individual ou de um grupo de entidades (demonstrações consolidadas);

c) A data de final do período de relatório ou do período coberto;

d) A moeda de apresentação;

e) O nível de arredondamento utilizado na apresentação de valores.

Ao **fim de cada exercício social**, as empresas deverão elaborar as demonstrações contábeis, com o objetivo de fornecer informações úteis para uma ampla variedade de usuários, devendo **divulgar informação comparativa** com respeito ao período anterior para todos os valores apresentados nas demonstrações contábeis do período corrente.

> **IMPORTANTE:**
>
> Não há **exigência de que o exercício social se inicie em 01 de janeiro e termine em 31 de dezembro**, devendo ser definido em estatuto. Todavia, por questões fiscais, é muito difícil que na prática as sociedades adotem data diversa (para coincidir com o ano-civil). Mas, repetimos, para concursos, o exercício pode começar e terminar em qualquer dia do ano.

Além disso, a entidade deve elaborar as suas demonstrações contábeis, **exceto para a demonstração dos fluxos de caixa, utilizando-se do regime de competência.**

Por fim, quando da elaboração das demonstrações contábeis, a administração deve fazer a avaliação da capacidade da entidade continuar em operação no futuro previsível (**pressuposto da continuidade**).

Quando a administração **tiver ciência, ao fazer a sua avaliação, de incertezas relevantes** relacionadas com eventos ou condições que possam lançar dúvidas significativas acerca da capacidade da entidade continuar em operação no futuro previsível, **essas incertezas devem ser divulgadas**.

Quando as demonstrações contábeis **não forem elaboradas no pressuposto da continuidade, esse fato deve ser divulgado**, juntamente com as bases sobre as quais as demonstrações contábeis foram elaboradas e a razão pela qual não se pressupõe a continuidade da entidade.

A entidade deve **apresentar separadamente** nas demonstrações contábeis cada **classe material de itens semelhantes.**

A entidade deve **apresentar separadamente** os itens de **natureza ou função distinta**, a menos que sejam imateriais.

O conjunto completo das demonstrações contábeis **deve ser apresentado pelo menos anualmente (inclusive informação comparativa).**

Quando se altera a data de encerramento das demonstrações contábeis da entidade e as demonstrações contábeis são apresentadas para um período mais longo ou mais curto do que um ano, a entidade deve divulgar, além do período abrangido pelas demonstrações contábeis:

(a) a razão para usar um período mais longo ou mais curto; e

(b) o fato de que não são inteiramente comparáveis os montantes comparativos apresentados nessas demonstrações.

As demonstrações contábeis obrigatórias, de acordo com o referido pronunciamento são:

- Balanço Patrimonial (BP)

- Demonstração do Resultado do Exercício (DRE)

- Demonstração do Resultado Abrangente (DRA)

- Demonstração das Mutações do Patrimônio Líquido (DMPL)

- Demonstração dos Fluxos de Caixa (DFC) (*)

- Demonstração do Valor Adicionado (DVA) (*)(**)

- Notas Explicativas (NE) (***)

(*) Possuem pronunciamentos próprios.

(**) Não está previsto nas IFRS, mas obrigatória pelo CPC.

(***) Embora não sejam consideradas demonstrações contábeis, sua divulgação é obrigatória.

> **CONSIDERAÇÕES IMPORTANTES**
>
> A demonstração do resultado abrangente (DRA) não era prevista na Lei 6.404/74, **porém obrigatório por conta do CPC 26.**
>
> A legislação societária admite a inclusão da DLPA na DMPL, logo, **as empresas que elaborarem e publicarem a DMPL estão dispensadas da apresentação em separado da DLPA**, uma vez que esta, obrigatoriamente, estará incluída naquela.
>
> A DMPL não consta como sendo obrigatória pela Lei 6.404/76. Todavia, **o CPC 26 tornou essa demonstração obrigatória.**
>
> Com as modificações contábeis introduzidas pelas Leis 11.638 e 11.941, a Demonstração de origens e aplicações de recursos (DOAR), **deixou de ser obrigatória (mas não foi extinta).**

23.2. ATIVO IMOBILIZADO – CPC 27

O objetivo do CPC 27 é prescrever o tratamento contábil para o imobilizado, de modo que os usuários das demonstrações financeiras possam extrair informações sobre o investimento de uma entidade em imobilizado e as mudanças nesse investimento.

Cabe ressaltar que a norma não prescreve o que deve ou não ser reconhecido individualmente no imobilizado, sendo necessário utilizar-se de julgamento profissional para a definição dos critérios de reconhecimento.

De acordo com o pronunciamento, o Ativo imobilizado é o item tangível que:

(a) é mantido para uso na produção ou fornecimento de mercadorias ou serviços, para aluguel a outros, ou para fins administrativos e

(b) se espera utilizar por mais de um período.

Também correspondem aos direitos que tenham por objeto bens corpóreos destinados à manutenção das atividades da entidade ou exercidos com essa finalidade, inclusive os **decorrentes de operações que transfiram a ela os benefícios, os riscos e o controle desses bens.**

São consideradas classes individuais de ativo:

(a) terrenos

(b) terrenos e edifícios

(c) máquinas

(d) navios

(e) aviões

(f) veículos a motor

(g) móveis e utensílios

(h) equipamentos de escritório

(i) plantas portadoras

IMPORTANTE

Terrenos e edifícios são ativos separáveis e são contabilizados separadamente, mesmo quando sejam adquiridos conjuntamente. Com algumas exceções, como as pedreiras e os locais usados como aterro, **os terrenos têm vida útil ilimitada e, portanto, não são depreciados.**

Sobressalentes, peças de reposição, ferramentas e equipamentos de uso interno são classificados como ativo imobilizado quando a entidade espera **usá-los por mais de um período.**

Os benefícios econômicos futuros incorporados no ativo **são consumidos pela entidade principalmente por meio do seu uso.**

O custo de um item do imobilizado, só será reconhecido com um ativo se:

a)   For **provável** que os benefícios econômicos seguirão para a entidade

b) O **custo** puder ser mensurado de forma confiável

Nesse sentido, o seu custo compreende:

- Preço de compra, inclusive impostos de importação e impostos não recuperáveis sobre a compra, deduzidos de descontos comerciais e abatimentos

- Custos **diretamente atribuíveis** para instalar e colocar o ativo em condições operacionais para o uso pretendido

- Custo estimado para **desmontar e remover** o ativo e restaurar o local no qual está localizado, quando existir a obrigação futura para a entidade.

Não são custos de um item do ativo imobilizado são:

(a) custos de abertura de nova instalação

(b) custos incorridos na introdução de novo produto ou serviço (incluindo propaganda e atividades promocionais);

(c) custos da transferência das atividades para novo local ou para nova categoria de clientes (incluindo custos de treinamento); e

(d) custos administrativos e outros custos indiretos.

> **IMPORTANTE:**
>
> Os ativos imobilizados estão sujeitos à depreciação no decorrer da sua vida útil e a redução ao valor recuperável (teste de *"impairment"*).

Exemplo:

A Cia. XYZ adquiriu uma máquina por R$ 250.000,00 à vista durante no início de X1 e pagou R$ 50.000,00 de impostos de importação. A empresa estima que a vida útil desta máquina será de 5 anos, com valor residual de R$ 30.000,00.

No final do 5º ano, a empresa prevê retirar de serviço esse ativo e o fluxo de caixa projetado para a retirada desse ativo de serviço no final do 5º ano é de R$ 60.000,00.

Com base nas informações acima, qual o custo do ativo imobilizado?

Máquina	250.000,00
Impostos de Importação	50.000,00
Gastos com retirada	60.000,00
Custo	**360.000,00**

DEPRECIAÇÃO

É o declínio do potencial gerador de benefícios econômicos por ativos de longa duração (imobilizados), ocasionada pelos seguintes fatores: **deterioração física, desgastes com uso e obsolescência.**

FALAMOS DESSE ASSUNTO NO CAPÍTULO 19!!!

REDUÇÃO AO VALOR RECUPERÁVEL DE ATIVOS

A entidade, visando determinar se um item do imobilizado apresenta problemas de recuperabilidade, deve aplicar o CPC 01 (Redução ao valor recuperável de ativos).

Esta norma explica:

- Como uma entidade revisa o valor contábil de um ativo
- Como ela determina o valor recuperável de um ativo
- Quando ela reconhece ou reverte o reconhecimento de uma perda por redução ao valor recuperável

SERÁ ASSUNTO NO PRÓXIMO TÓPICO!!!

23.3. REDUÇÃO AO VALOR RECUPERÁVEL DE ATIVOS – CPC 01

O CPC 01 prescreve os procedimentos que devem ser aplicados por uma entidade para garantir que seus ativos **não sejam reconhecidos acima de seus valores recuperáveis.**

De acordo com o pronunciamento, nenhum **ativo individual ou uma unidade geradora de caixa** poderá estar mensurado contabilmente por um valor superior ao seu potencial de geração de benefícios, seja pela sua venda ou pelo seu uso.

Nesse contexto, caso o ativo de caixa esteja contabilizado por um valor excedente ao seu valor de recuperação, será necessário **reconhecer uma perda pela redução ao valor recuperável ou simplesmente "Perda por Impairment".**

O pronunciamento define valor recuperável como o maior valor entre o valor justo líquido de despesas de venda de um ativo ou de uma unidade geradora de caixa e o seu valor em uso.

Nesse sentido, a entidade deve avaliar, a cada final de período contábil, se existem indicadores de que o valor recuperável do ativo esteja abaixo de seu valor contábil.

INDICADORES

São indicadores sugeridos pela norma:

EXTERNOS

- Queda significativa do valor de mercado do ativo (acima do que seria esperado como resultado da passagem do tempo ou sua utilização normal)

- Mudanças adversas relacionadas a aspectos tecnológicos, econômicos ou legais

- Aumento significativo das taxas de juros e

- Os "ativos líquidos" excedem o valor de mercado da empresa.

INTERNOS

- Evidência disponível sobre obsolescência ou dano físico

- Decisões estratégicas ou operacionais que podem trazer efeitos adversos sobre o valor recuperável do ativo (Planos de descontinuar o ativo ou reestruturações operacionais) e

- Evidência disponível revelando que a performance do ativo está abaixo do que foi inicialmente projetado.

ATIVOS SUJEITOS AO TESTE

Embora o teste possa ser feito em determinados ativos financeiros e investimentos avaliados pelo custo, o *impairment* é realizado com mais frequência nos **ativos imobilizados e intangíveis das entidades.**

UNIDADE GERADORA DE CAIXA

Se não for possível estimar o valor recuperável para o ativo individualmente, a entidade deverá estimar o **valor recuperável da Unidade Geradora de Caixa (UGC).**

Unidade Geradora de Caixa (UGC) é o menor grupo identificável de ativos que gera entradas de caixa, entradas essas que são em grande parte independentes das entradas de caixa de outros ativos ou outros grupos de ativos.

Exemplos de UGC: Segmentos de negócios, linhas de produtos, unidades administrativas, dentre outros.

Nesse sentido, o valor recuperável do ativo individualmente não pode ser mensurado quando:

- O valor em uso não puder ser estimado como sendo próximo do valor líquido de venda
- O ativo não gera entradas de caixa "amplamente" independentes das entradas de caixa de outros ativos.

Nesses casos, o valor em uso e, portanto, o valor recuperável, somente pode ser **determinado para a unidade geradora de caixa do ativo.**

RECONHECIMENTO E MENSURAÇÃO DE VALOR RECUPERÁVEL

Após análise do valor recuperável (maior valor entre valor líquido de venda e valor em uso), este será comparado ao valor contábil líquido, onde teremos duas situações:

1) Caso este montante seja superior ao valor contábil líquido, **nenhum ajuste precisará ser realizado.**

2) Caso este montante seja inferior ao valor contábil, **será necessário reconhecer uma perda por "*impairment*",** no qual seu valor contábil deverá ser reduzido ao valor recuperável.

Exemplo 1:

Seguem informações de um ativo imobilizado:

Valor contábil líquido:	R$ 150.000,00
Valor líquido de venda:	R$ 130.000,00
Valor em uso:	R$ 160.000,00

Maior valor recuperável entre valor líquido de venda e valor em uso: **R$ 160.000,00**

Resultado: Valor recuperável maior que o valor contábil líquido

Conclusão: Não será necessário reconhecer perda por *impairment.*

Exemplo 2:

Seguem informações de um ativo imobilizado:

Valor contábil líquido:	R$ 180.000,00
Valor líquido de venda:	R$ 130.000,00
Valor em uso:	R$ 160.000,00

Maior valor recuperável entre valor líquido de venda e valor em uso: **R$ 160.000,00**

Resultado: Valor recuperável menor que o valor contábil em R$ 20.000,00

Conclusão: Será necessário reconhecer perda por *impairment* no valor de **R$ 20.000,00**

LANÇAMENTO CONTÁBIL:

D Perda para Redução ao Valor Recuperável (Despesa)   20.000,00

C Ajuste para Redução ao Valor Recuperável (Redutora do Ativo) 20.000,00

VALOR CONTÁBIL LÍQUIDO

É a diferença entre o **custo de aquisição do ativo e a sua depreciação acumulada**.

Exemplo:

Custo do bem	R$ 1.000.000,00
Vida útil	10 anos
Fator Depreciação	10% a.a.
Tempo utilizado	4 anos
Valor Depreciação	40% x R$ 1.000.000,00 = R$ 400.000,00
Valor contábil líquido	**R$ 1.000.000,00 – R$ 400.000,00 = R$ 600.000,00**

VALOR JUSTO LÍQUIDO DE VENDAS

O Valor justo líquido de venda consiste na **diferença entre o valor justo e as despesas de venda.**

Valor justo é o preço que seria recebido pela venda de um ativo ou que seria pago pela transferência de um passivo em uma transação não forçada entre participantes do mercado na data de mensuração.

As **despesas "de venda"** referem-se a todas aquelas despesas diretamente alocáveis à transação de venda, não abrangendo os custos já incorridos e reconhecidos como passivo. Geralmente, as despesas de venda incluem **todas aquelas que diretamente atribuíveis à transação e que não ocorreriam caso ela não fosse efetivada.**

Podem ser consideradas despesas de vendas: as despesas legais, tributos, despesas com a remoção do ativo e gastos diretos incrementais para deixar o ativo em condição de venda.

Exemplo 3:	
Valor justo do bem	100.000,00
(-) Tributos sobre venda	(10.000,00)
(-) Comissão	(2.000,00)
(-) Remoção do ativo	(8.000,00)
Valor realizável líquido	**80.000,00**

VALOR EM USO

É o valor presente dos fluxos de caixa futuros esperados que devem advir de um ativo ou de uma unidade geradora de caixa, sendo representados por:

Fluxos de caixa: uso contínuo + venda final

O cálculo do valor em uso de um ativo é um processo complexo e que envolve alto nível de julgamento profissional, pois são refletidos no cálculo desse valor:

a) **Estimativa dos fluxos de caixa futuros que a entidade espera obter do ativo**

b) **Expectativas sobre possíveis variações no valor ou na época desses fluxos de caixa futuros**

c) **O valor temporal do dinheiro, representado pela taxa de desconto**

Nesse sentido, a estimativa do valor em uso envolve 2 passos: estimar as entradas e saídas futuras provenientes do uso contínuo do ativo e de sua alienação final; bem como aplicar a taxa de desconto apropriada a esses fluxos de caixa futuros.

IMPORTANTE:

Essa etapa do teste de *impairment* só precisa ser executada se não for possível identificar o valor líquido de venda de um ativo ou grupo de ativos ou se o valor líquido de venda de um ativo ou grupo de ativos for inferior ao seu valor contábil.

Exemplo 4:

Espera-se que determinado bem produza entradas de caixa líquidas de R$ 50.000,00, R$ 60.000,00 e R$ 65.000,00, respectivamente, durante os próximos 03 anos.

No final do 3º ano, a empresa conseguirá vender o bem por R$ 5.000,00.

Considerando que a taxa de desconto do período utilizada será de 12%, seguem os fluxos de caixa trazidos a valor presente:

Ano 1: 50.000,00 / (1,12)	44.642,86
Ano 2: 60.000,00 / $(1,12)^2$	47.831,63
Ano 3: 65.000,00 + 5.000,00 / $(1,12)^3$	49.824,62
Valor em uso:	**142.299,11**

DEPRECIAÇÃO

Após o reconhecimento da perda, a entidade **deverá recalcular a depreciação ou a amortização para os anos remanescentes de sua vida útil.**

Exemplo 5:

Máquina adquirida por R$ 100.000,00 que possui uma vida útil de 10 anos e não há valor residual.

NO FINAL DO 4º ANO:

Máquina   R$ 100.000,00 -> Valor contábil bruto

Depreciação acumulada: (R$ 40.000,00)-> Depreciação durante 4 anos

Saldo **R$ 60.000,00 -> Valor contábil líquido**

Caso a empresa reconheça uma perda por *impairment* de R$ 30.000,00 no final do 4º ano:

LANÇAMENTO CONTÁBIL:

D Perda por *Impairment* (Despesa)	R$ 30.000,00
C Ajuste para redução ao valor recuperável (Máquina)	R$ 30.000,00

NOVO VALOR CONTÁBIL DA MÁQUINA:

Máquina	R$ 60.000,00
Ajuste para redução ao valor recuperável (Máquina)	(R$ 30.000,00)
Novo valor líquido contábil	R$ 30.000,00

OBS: Como faltam 6 anos para o fim da vida útil, cada ano a máquina será depreciada em R$ 5.000,00 (R$ 30.000,00 / 6 anos)

REVERSÃO DE PERDA

Segundo a norma, a entidade deverá avaliar, ao término de cada período de reporte, se há alguma indicação de que a perda por desvalorização reconhecida em períodos anteriores para um ativo, **exceto o ágio por expectativa de rentabilidade futura (*goodwill*),** possa não mais existir ou ter diminuído.

Se existir alguma indicação, a entidade deve estimar o valor recuperável desse ativo. Caso esse valor recuperável seja maior do que o contabilizado, a entidade poderá reverter a perda anteriormente reconhecida.

Lançamento Contábil:

D Ativo (Redutora do Ativo)

C Reversão da Perda por *Impairment* (Receita)

IMPORTANTE

LIMITE DA REVERSÃO

É o valor contábil que teria sido determinado (líquido de depreciação, amortização ou exaustão), **caso nenhuma perda por desvalorização tivesse sido reconhecida para o ativo em anos anteriores**.

Exemplo 6:

Ano X0:

Máquina	1.000
Valor Recuperável	**800**
Máquina	1.000
(-) Perda	**(200)**
Valor contábil líquido	800
Ano X1:	
Máquina	800
(-) Depreciação	(80)
Valor contábil líquido	720
Ano X2:	
Máquina	800
(-) Depreciação	(160)
Valor contábil líquido	640
Valor recuperável:	900

Reversão?

A reversão será de **160** (volta a 800, pois o valor não pode ser superior ao valor contábil à época desconsiderando a perda).

23.4. ATIVOS INTANGÍVEIS – CPC 04

O CPC 04 trata de uma classe especial de ativos, os intangíveis, que podem ser definidos como ativos **não monetários identificáveis e que não possuem substância física**, na qual estão incluídos, por exemplo, softwares, marcas, patentes, direitos autorais, direitos sobre filmes cinematográficos, dentre outros.

A definição de ativo intangível requer que ele seja identificável, **para diferenciá-lo do ágio derivado da expectativa de rentabilidade futura (*goodwill*).**

O ágio derivado da expectativa de rentabilidade futura (*goodwill*) reconhecido em uma combinação de negócios é um ativo que representa benefícios econômicos futuros **gerados por outros ativos adquiridos em uma combinação de negócios**, que não são identificados individualmente e reconhecidos separadamente.

Um ativo satisfaz o critério de identificação, em termos de definição de um ativo intangível, quando:

(a) for separável, ou seja, puder ser separado da entidade e vendido, transferido, licenciado, alugado ou trocado, individualmente ou junto com um contrato, ativo ou passivo relacionado, independente da intenção de uso pela entidade.

Ou

(b) resultar de direitos contratuais ou outros direitos legais, independentemente de tais direitos serem transferíveis ou separáveis da entidade ou de outros direitos e obrigações.

RECONHECIMENTO

Um ativo intangível deve ser reconhecido apenas se:

(a) for **provável** que os benefícios econômicos futuros esperados atribuíveis ao ativo serão gerados em favor da entidade e

(b) o **custo** do ativo possa ser mensurado com **confiabilidade**.

A entidade deve avaliar a probabilidade de geração de benefícios econômicos futuros **utilizando premissas razoáveis e comprováveis** que representem a melhor estimativa da administração em relação ao conjunto de condições econômicas que existirão durante a vida útil do ativo.

CONTROLE

A entidade controla um ativo quando **detém o poder de obter benefícios econômicos futuros** gerados pelo recurso subjacente e **de restringir o acesso de terceiros** a esses benefícios.

Normalmente, a capacidade da entidade de controlar os benefícios econômicos futuros de ativo intangível **advém de direitos legais que possam ser exercidos em um tribunal**. A ausência de direitos legais dificulta a comprovação do controle.

BENEFÍCIOS ECONÔMICOS FUTUROS

Os benefícios econômicos futuros gerados por ativo intangível podem **incluir a receita da venda de produtos ou serviços, redução de custos ou outros benefícios resultantes do uso do ativo pela entidade.**

Por exemplo, o uso da propriedade intelectual em um processo de produção pode reduzir os custos de produção futuros em vez de aumentar as receitas futuras.

CARACTERÍSTICAS

O ativo intangível será mantido pelo seu custo menos qualquer amortização acumulada e qualquer perda por *impairment*. Além do *goodwill*, há mais duas formas possíveis para a obtenção de um ativo intangível por uma entidade:

- Aquisição em separado

- Ativos intangíveis que são gerados internamente.

AQUISIÇÃO EM SEPARADO

Geralmente, o preço pago por um ativo intangível em separado representa a expectativa dos benefícios econômicos futuros, satisfazendo o critério de reconhecimento.

Nesse contexto, o custo de um ativo intangível compreende:

- Preço de aquisição, incluindo impostos não recuperáveis;

- Qualquer outro valor atribuído ao custo de preparação do ativo para o seu uso.

Exemplos de **custos diretamente atribuíveis são**:

(a) custos de benefícios aos empregados incorridos diretamente para que o ativo fique em condições operacionais (de uso ou funcionamento)

(b) honorários profissionais diretamente relacionados para que o ativo fique em condições operacionais e

(c) custos com testes para verificar se o ativo está funcionando adequadamente.

Exemplos de gastos **que não fazem parte do custo de ativo intangível:**

(a) custos incorridos na introdução de novo produto ou serviço (incluindo propaganda e atividades promocionais)

(b) custos da transferência das atividades para novo local ou para nova categoria de clientes (incluindo custos de treinamento) e

(c) custos administrativos e outros custos indiretos.

GERADOS INTERNAMENTE

Os ativos intangíveis gerados internamente deverão ser classificados em duas categorias: Fase de **pesquisa** e **desenvolvimento.**

PESQUISA

Investigação original e planejada para a obtenção de novo conhecimento científico ou técnico.

Nenhum intangível resultante da fase de pesquisa poderá ser reconhecido, pois nessa fase não há como demonstrar que existe um ativo intangível que gerará prováveis benefícios econômicos futuros.

Nesse sentido, os **gastos deverão ser reconhecidos como despesa quando incorridos.**

DESENVOLVIMENTO

Aplicação de resultados de pesquisas e de outros conhecimentos para o planejamento ou design de novos materiais, produtos, processos e sistemas.

Um ativo intangível deverá ser reconhecido se, e somente se, uma entidade puder atender a todos os itens abaixo:

- O término do desenvolvimento é viável

- Intenção de completar o ativo intangível para o seu uso ou venda

- Habilidade para vender ou utilizar o ativo intangível

- Demonstrar como o ativo intangível gerará benefícios econômicos futuros

- Os recursos técnicos, financeiros e outros estão disponíveis
- Habilidade de mensuração dos gastos diretamente atribuíveis ao ativo intangível

IMPORTANTE

Cabe ressaltar que, caso os gastos com desenvolvimento atendam aos seis critérios descritos anteriormente, o ativo intangível DEVE ser reconhecido como tal, ou seja, a entidade não poderia escolher entre lançar o gasto em despesa ou ativar, pois ela deverá ativar, caso atenda aos critérios.

Exemplo:

Uma entidade está desenvolvendo novo processo de produção. No exercício de 20X5, os gastos incorridos foram de R$ 1.000,00, dos quais **R$ 900,00 foram incorridos antes de 1º de dezembro de 20X5 e R$ 100,00 entre essa data e 31 de dezembro de 20X5.**

A entidade está apta a demonstrar que em 1º de dezembro de 20X5 o processo de produção atendia aos critérios para reconhecimento como ativo intangível. O valor recuperável do know-how incorporado no processo (inclusive futuras saídas de caixa para concluí-lo e deixá-lo pronto para uso) está estimado em R$ 500,00.

Ao final de 20X5, o processo de produção está reconhecido como **ativo intangível ao custo de R$ 100,00** (gasto incorrido desde a data em que os critérios de reconhecimento foram atendidos, ou seja, 1º de dezembro de 20X5).

Os gastos de **R$ 900,00** incorridos antes de 1º de dezembro de 20X5 **devem ser reconhecidos como despesa** porque os critérios de reconhecimento só foram atendidos nessa data, não podendo ser incluídos no custo do processo de produção reconhecido na data do balanço.

No exercício de 20X6, os gastos incorridos são de **R$ 2.000,00**. Ao final de 20X6, o valor recuperável do know-how incorporado no processo está estimado em **R$ 1.900,00**.

Logo, ao final de 20X6, o custo do processo de produção é de **R$ 2.100,00** (gastos de R$ 100,00 reconhecidos no final de 20X5 mais **R$ 2.000,00** reconhecidos em 20X6).

A entidade deve reconhecer uma perda de valor de **R$ 200,00** para ajustar o valor contábil do processo antes dessa perda de valor (**R$ 2.100,00**) ao seu valor recuperável (**R$ 1.900,00**).

VIDA ÚTIL E AMORTIZAÇÃO

Uma entidade avaliará se a vida útil de um **ativo intangível é definida ou indefinida**, e sua duração, ou número de unidades de produção ou unidades similares que constituem essa vida útil.

Um ativo intangível será considerado como tendo **vida útil indefinida** quando não houver nenhum limite previsível em relação ao período durante o qual se espera que o ativo gere fluxos de caixa.

Além disso, o ativo intangível com **vida útil definida é amortizado**, porém, o **ativo intangível com vida útil indefinida não**, estando sujeito apenas ao "teste de recuperabilidade" no mínimo anual.

A amortização de um ativo intangível **com vida útil definida** será iniciada **quando o ativo estiver disponível para uso**, ou seja, quando ele estiver no local e na condição necessária para que seja capaz de operar da forma pretendida pela administração.

Já o método de amortização utilizado refletirá o padrão em que se espera que os benefícios econômicos futuros do ativo sejam consumidos pela entidade.

Se esse padrão não puder ser determinado de forma confiável, o **método linear será utilizado**.

A vida útil de ativo intangível que não é amortizado **deve ser revisada periodicamente** para determinar se eventos e circunstâncias continuam a consubstanciar a avaliação de vida útil indefinida.

Caso contrário, a mudança na avaliação de vida útil de **indefinida para definida** deve ser contabilizada como mudança de estimativa contábil, conforme a **IAS 8 - CPC 23**.

VALOR AMORTIZÁVEL

O valor amortizável de ativo com vida útil definida deve ser determinado **após a dedução de seu valor residual**.

O valor residual diferente de zero implica que a entidade espera a alienação do ativo intangível antes do final de sua vida econômica.

Nesse sentido, valor residual de um ativo intangível é o valor estimado que a entidade obteria a partir de sua alienação, deduzidos os custos estimados de alienação.

VALOR RESIDUAL

Deve-se presumir que o valor residual de ativo intangível com vida útil definida é zero, a não ser que:

(a) haja compromisso de terceiros para comprar o ativo ao final da sua vida útil ou

(b) exista mercado ativo para ele e

(i) o valor residual possa ser determinado em relação a esse mercado; e

(ii) seja provável que esse mercado continuará a existir ao final da vida útil do ativo.

23.5. **VALOR JUSTO – CPC 46**

O objetivo do CPC 46 é:

(a) Definir valor justo

(b) Estabelecer em uma norma única uma estrutura conceitual para a mensuração do valor justo; e

(c) Requerer divulgações sobre mensurações do valor justo

Nesse sentido, a referida norma deve ser aplicada **quando outra norma exigir ou permitir mensurações a valor justo**, mesmo que seja apenas para divulgação, tal como no caso de propriedades para investimento para as quais a entidade optou pela política contábil do custo, mas deve apresentar o valor justo de suas propriedades em nota explicativa.

IMPORTANTE:

Cabe ressaltar que a mensuração a valor justo, baseado no consenso de mercado, substituiu a mensuração pelo custo ou valor histórico para avaliar alguns itens patrimoniais, pois visa à predição de fluxos de caixa futuros.

DEFINIÇÃO

De acordo com a norma, valor justo é o **preço** que seria **recebido** pela venda de um ativo ou que seria **pago** pela transferência de um passivo em **uma transação não forçada** entre **participantes do mercado** na data de mensuração.

Em muitos casos, o valor justo é aplicado a um **ativo ou passivo individualmente** (instrumentos financeiros, máquinas etc.) ou a **um conjunto de ativos** (unidade de negócios, por exemplo).

PARTICIPANTES DO MERCADO

Segundo a norma, os participantes do mercado:

- São **independentes** da entidade, ou seja, não são partes relacionadas;
- Possuem **entendimento razoável** sobre os fatores relevantes sobre o ativo ou passivo, baseados em todas as informações disponíveis;
- Estão **aptos a transacionar** o ativo ou passivo, sendo legalmente permitidos e possuindo capacidade financeira;
- Possuem a **intenção de transacionar** o ativo ou passivo (ou seja, não são "forçados").

TÉCNICAS DE AVALIAÇÃO

A entidade deve utilizar técnicas de avaliação que sejam apropriadas nas circunstâncias e para as quais haja dados suficientes disponíveis para mensurar o valor justo, maximizando o uso de dados observáveis relevantes e minimizando o uso de dados não observáveis.

Dados observáveis: Baseados em informações obtidas de fontes independentes da entidade.

Dados não observáveis: Baseados em premissas próprias da entidade sobre o mercado.

IMPORTANTE

O objetivo de utilizar uma técnica de avaliação é estimar o preço pelo qual uma transação não forçada para a venda do ativo ou para a transferência do passivo ocorreria entre participantes do mercado na data de mensuração nas condições atuais de mercado.

As três técnicas de avaliação amplamente utilizadas são:

Abordagem de mercado: Utilização de preços observáveis e de outras informações relevantes geradas por transações no mercado envolvendo ativos idênticos ou comparáveis (ou passivos).

Abordagem da receita: Técnicas que convertem montantes futuros (caixa ou lucros) em um único valor presente (descontado)

Abordagem de custo: Valor que seria necessário atualmente para substituir a capacidade de serviço do ativo (custo de substituição ou de reposição)

HIERARQUIA DE VALOR JUSTO

A norma estabelece uma hierarquia de valor justo com base na qual **classifica em três níveis** as informações utilizadas nas técnicas de avaliação para a sua mensuração, dependendo das informações disponíveis no mercado.

A hierarquia de valor justo dá a mais alta prioridade a preços cotados (não ajustados) em mercados ativos para ativos ou passivos idênticos (informações de Nível 1) e a mais baixa prioridade a dados não observáveis (informações de Nível 3)

Informações de Nível 1

Preços cotados (não ajustados) em mercados ativos para ativos ou passivos idênticos em que a entidade possa ter acesso na data de mensuração.

Está disponível para muitos ativos e passivos financeiros, alguns dos quais podem ser trocados em múltiplos mercados ativos, representando a informação mais confiável, portanto, a que deve ser utilizada sempre que possível.

Exemplos: ações em bolsa, ganhos fixos de títulos negociados em mercados ativos, derivativos etc.

Informações de Nível 2

Preços cotados para ativos ou passivos similares em mercados ativos, bem como preços cotados para ativos ou passivos idênticos ou similares em mercados que não sejam ativos (utilização de informações **de dados observáveis**).

O uso dessas informações implica que se façam ajustes dependendo de fatores específicos do ativo ou passivo.

Exemplos: Acordo de licenciamento, estoque de produtos acabados, edificações mantidas e usadas, unidades geradoras de caixa etc.

Informações de Nível 3

Uso de informações que sejam de **dados não observáveis** para o ativo ou passivo (sinergia específica da entidade, por exemplo). Entretanto, vale lembrar que, de acordo com as diretrizes da norma, dados não observáveis serão utilizados para mensurar o valor justo somente na extensão em que dados observáveis não estejam disponíveis, admitindo assim situações em que há pouca ou nenhuma atividade de mercado para o ativo ou passivo na data da mensuração.

23.6. AJUSTE A VALOR PRESENTE – CPC 12

O referido pronunciamento visa estabelecer os requisitos básicos da apuração do Ajuste a Valor Presente, do ativo e do passivo.

De acordo com o CPC 12, os elementos integrantes do **ativo e do passivo decorrentes de operações de longo prazo**, ou de **curto prazo quando houver efeito relevante (avaliar custo benefício)**, devem ser ajustados a valor presente com base em taxas de desconto que reflitam as melhores avaliações do mercado quanto ao valor do dinheiro no tempo e os riscos específicos do ativo e do passivo em suas datas originais.

Para determinar o valor presente de um fluxo de caixa, três informações são requeridas:

- Valor do fluxo futuro (considerando todos os termos e as condições contratados)
- Data do referido fluxo financeiro e
- Taxa de desconto aplicável à transação.

Nesse sentido, o AVP deve ser calculado no momento inicial da operação, considerando os fluxos de caixa da correspondente operação (valor, data e todos os termos e as condições contratados), bem como a taxa de desconto aplicável à transação, na data de sua ocorrência.

> **QUAL A DIFERENÇA ENTRE AVP E VALOR JUSTO?**
>
> **Valor justo (*fair value*)**: é o valor pelo qual um ativo pode ser negociado, ou um passivo liquidado, entre partes interessadas, conhecedoras do negócio e independentes entre si, com a ausência de fatores que pressionem para a liquidação da transação ou que caracterizem uma transação compulsória.
>
> **Valor presente (*present value*)**: é a estimativa do valor corrente de um fluxo de caixa futuro, no curso normal das operações da entidade.

TAXA DE DESCONTO

A taxa de desconto deve refletir juros compatíveis com a natureza, o prazo e os riscos relacionados à transação, levando-se em consideração, ainda, as taxas de mercado praticadas na data inicial da transação entre partes conhecedoras do negócio, que tenham a intenção de efetuar a transação e em condições usuais de mercado.

Nos casos em que a **taxa é explícita**, o processo de avaliação passa por uma comparação entre a taxa de juros da operação e a taxa de juros de mercado, na data da origem da transação.

Para os casos em que a **taxa estiver implícita**, é necessário estimar a taxa da transação, considerando as taxas de juros de mercado, conforme anteriormente mencionado.

No tocante às **diferenças temporárias observadas entre a base contábil e fiscal** de ativos e passivos ajustados a valor presente, essas diferenças temporárias devem receber o tratamento requerido pelas regras contábeis vigentes para reconhecimento e mensuração de imposto de renda e contribuição social diferidos.

O ajuste a valor presente **deve ser quantificado em base exponencial *"pro rata die"*,** a partir da origem de cada transação, sendo os seus efeitos apropriados nas contas a que se vinculam.

RECONHECIMENTO DO AVP

Os efeitos do **AVP não são lançados no resultado de forma imediata**, por isso, normalmente a melhor técnica contábil é a utilização de contas retificadoras, como "Ajustes a Valor Presente de ativos e passivos" contempladas no plano de contas.

Essas contas **serão apropriadas ao longo do tempo, para o resultado como receita/despesa financeira.**

A abordagem corrente deve ser usada como método de alocação dos juros para o resultado, salientando que por essa sistemática, deve ser utilizada para desconto, a taxa contratual ou implícita e, uma vez aplicada, deve ser adotada consistentemente até a realização do ativo.

Exemplo 1:

Em 1º de dezembro de X1, determinada empresa efetuou uma venda de mercadorias no valor de R$ 1.500.000,00, com prazo de 150 dias para recebimento (representa 50%do total das vendas do ano).

Considerando que a taxa utilizada nas operações de crédito é de 3,5% a.m. a juros compostos, os efeitos dos Ajustes a Valor Presente e sua contabilização em 31 de dezembro de X1 devem ser efetuados como segue:

Logo:

150 dias = 5 meses

n = 5

i = 3,5% a.m.

$VP = VF / (1 + i)^n$

Logo:

Valor Futuro = R$ 1.500.000,00

Valor Presente => $1.500.000/(1,035)^5$ = **R$ 1.262.959,75**

Cálculo dos juros:

J = R$ 1.500.000,00 - R$ 1.262.959,75 = **R$ 237.040,25**

Contabilização da venda em 01/12/X1:

D Cliente (Ativo)	1.500.000,00
C Receita de Vendas (Resultado)	1.500.000,00
D Ajuste a Valor Presente (Dedução da Receita)	237.040,25
C Juros a apropriar (Redutora do Ativo)	237.040,25

Saldo da Conta Clientes em 01/12/X1:

Cliente (Ativo Circulante)	1.500.000,00
(-) Juros a apropriar (Redutora do Ativo)	(237.040,25)

Contabilização da apropriação da receita financeira em 31/12/X1:

D Juros a apropriar (Redutora do Ativo)	44.203,59
C Juros Ativos (Receita)	44.203,59

Novo valor do Ajuste a Valor Presente em 31/12/X1:

237.040,25 − 44.203,59 = **192.836,66**

Novo Saldo da Conta Clientes 31/12/X1:

Cliente (Ativo)	1.500.000,00
(-) Juros a apropriar (Redutora do Ativo)	(192.836,66)

PERÍODO	BASE CÁLCULO	JUROS (3,5%)	NOVA BASE
31/12/X1	R$ 1.262.959,75	R$ 44.203,59	R$ 1.307.163,34
31/01/X2	R$ 1.307.163,34	R$ 45.750,72	R$ 1.352.914,06
28/02/X3	R$ 1.352.914,06	R$ 47.351,99	R$ 1.400.266,05
31/03/X4	R$ 1.400.266,05	R$ 49.009,31	R$ 1.449.275,36
30/04/X5	R$ 1.449.275,36	R$ 50.724,64	R$ 1.500.000,00
TOTAL		**R$ 237.040,25**	

Exemplo 2:

A empresa D adquire mercadorias a prazo por R$ 1.000.000,00 para pagar daqui a 2 anos, calculando-se que R$ 200.000,00 referem-se a juros (encargos financeiros).

Contabilização da compra:

D Mercadorias (Ativo)	1.000.000,00
C Fornecedores (Passivo não circulante)	1.000.000,00
D Encargos a transcorrer (Redutora do Passivo)	200.000,00
C Ajuste a Valor Presente (Redutora do Ativo)	200.000,00

Saldo da conta Fornecedores:

Fornecedores (Passivo não circulante)	1.000.000,00
(-) Encargos a transcorrer (Redutora do Passivo)	(200.000,00)

Em atendimento ao regime de competência, os encargos lançados serão apropriados ao resultado conforme a sua realização, em conta de despesa:

Contabilização da apropriação da despesa financeira:

D Juros Passivos (Despesas)

C Encargos a transcorrer (Redutora do Passivo)

24

QUESTÕES COMENTADAS

CONCEITOS, OBJETO, CAMPO DE APLICAÇÃO, FINALIDADES, FUNÇÕES, TÉCNICAS E USUÁRIOS DA CONTABILIDADE

1.**Banca:** CEBRASPE **Cargo:** Técnico Contabilidade **Órgão:** FUB **Ano:** 2018

Julgue o item a seguir, relativo a conceitos, objetivos e finalidades da contabilidade.

Permitir o planejamento, o controle e a análise patrimonial com vistas à tomada de decisão constitui objetivo da ciência contábil.

Certo ( ) Errado ( )

SOLUÇÃO

O item está certo, pois um dos **objetivos** da ciência contábil é fornecer a seus usuários informações sobre a situação patrimonial e financeira da entidade.

Difere do seu **objeto** que é o estudo do patrimônio das entidades.

GABARITO: Certo

2.**Banca:** CEBRASPE **Cargo:** Técnico Contabilidade **Órgão:** FUB **Ano:** 2018

Julgue o item a seguir, relativo a conceitos, objetivos e finalidades da contabilidade.

O objeto da contabilidade se restringe ao aspecto quantitativo do patrimônio organizacional.

Certo ( ) Errado ( )

SOLUÇÃO

A questão está errada, pois embora a contabilidade tenha como objeto o patrimônio das entidades, este pode analisado por dois aspectos: qualitativos e quantitativos.

Segundo o **aspecto qualitativo**, entende-se como a natureza dos elementos que compõem o patrimônio como dinheiro, valores a receber ou a pagar, máquinas, estoques de materiais ou de mercadorias etc.

Já pelo **aspecto quantitativo** representa os valores monetários dos respectivos elementos.

GABARITO: Errado

3.**Banca:** CESPE **Cargo:** Agente de Polícia Federal **Órgão:** Polícia Federal **Ano:** 2018

Considerando que a contabilidade é a ciência que estuda os fenômenos patrimoniais sob o aspecto da finalidade organizacional, julgue o item a seguir, no que se refere a conceitos, objetivos e finalidades da contabilidade.

A contabilidade integra o rol das ciências exatas por estar dedicada à mensuração da riqueza do ente contábil.

Certo ( ) Errado ( )

SOLUÇÃO

A questão está errada, pois a contabilidade é uma **ciência social aplicada**, assim como a economia e a administração.

Essa afirmação vem no sentido em que a informação contábil é utilizada pela sociedade como um todo (funcionários, governo, fornecedores, empréstimos, investidores, entre outros).

GABARITO: Errado

4.Banca: CESPE **Cargo:** Agente de Polícia Federal **Órgão:** Polícia Federal **Ano:** 2018

Considerando que a contabilidade é a ciência que estuda os fenômenos patrimoniais sob o aspecto da finalidade organizacional, julgue o item a seguir, no que se refere a conceitos, objetivos e finalidades da contabilidade.

Sob a ótica citada, o objeto da contabilidade é o patrimônio do ente contábil específico.

Certo ( ) Errado ( )

SOLUÇÃO

A questão está certa, pois a contabilidade tem como objeto de estudo o **PATRIMÔNIO** das entidades.

Ressalte-se que entidade é qualquer ente que possua **patrimônio sob gestão (AZIENDAS) e que possa ser avaliado monetariamente.**

GABARITO: Certo

5.Banca: CESPE **Cargo:** Técnico em Contabilidade **Órgão:** EBSERH **Ano: 2018**

Em relação aos conceitos, objetivos e finalidades da contabilidade, julgue o item subsequente:

O objeto de estudo da contabilidade são as entidades econômico-administrativas, o que inclui as instituições com fins sociais.

Certo ( ) Errado ( )

SOLUÇÃO

A questão está errada, pois o objeto de estudo da contabilidade é o **PATRIMÔNIO** das entidades econômico-administrativas, as quais são denominadas **aziendas.**

Segundo a doutrina, as aziendas classificam-se em: econômica, social e econômico-social.

Gabarito: Errado

6. Banca: FGV **Cargo:** Téc. Gestão Adm. **Órgão:** ALEMA
Ano: 2013

Com relação aos conceitos básicos da Contabilidade Geral, relacione os tópicos a seguir:

1. Objeto de estudo

2. Campo de aplicação

3. Finalidade econômica

4. Usuário Externo

5. Técnica Contábil

( ) Escrituração

( ) Fornecedor

( ) Entidade

( ) Resultado

( ) Patrimônio

Assinale a alternativa que apresenta a sequência correta, de cima para baixo:

a) 1 – 3 – 2 – 4 – 5

b) 3 – 4 – 1 – 5 – 2

c) 2 – 1 – 4 – 5 – 3

d) 5 – 4 – 2 – 3 – 1

e) 1 – 2 – 4 – 3 – 5

SOLUÇÃO

Escrituração: Uma das técnicas contábeis

Fornecedor: Usuário externo da informação contábil

Entidade: Campo de aplicação da contabilidade

Resultado: Finalidade Econômica da contabilidade

Patrimônio: Objeto de estudo da contabilidade

Gabarito: D

7.Banca: CESPE **Cargo:** Analista Judiciário **Órgão:** TJ-ES **Ano: 2011**

Diversos são os tipos de usuários interessados nas informações contidas nas demonstrações contábeis das entidades. Um desses grupos é constituído pelos clientes, cujo interesse é tanto maior quanto maior forem a sua dependência e a concentração nos fornecimentos de algumas poucas entidades.

Certo ( ) Errado ( )

SOLUÇÃO

A questão está certa, pois os clientes têm interesse em informações sobre a continuidade operacional da entidade, especialmente quando têm um relacionamento a longo prazo com ela, ou dela dependem como fornecedor importante.

Gabarito: Certo

LEGISLAÇÃO APLICADA A CONTABILIDADE

8.Banca: CESPE **Cargo:** Agente de Polícia Federal **Órgão:** Polícia Federal **Ano:** 2018

A lei das sociedades por ações aplica-se a todas as companhias ou sociedades anônimas,

independentemente de suas ações serem, ou não, comercializadas em bolsa de valores.

Certo ( ) Errado ( )

SOLUÇÃO

A questão está certa, pois a Lei das S/A se **aplica a todas as sociedades por ações**, sejam **abertas** (comercializam ações em bolsa de valores) ou **fechadas** (captam recursos apenas de um grupo fechado de pessoas).

GABARITO: Certo

9.Formulada pelo professor

De acordo com a Lei nº 11.638/07, assinale a opção que indica a conta que não deve constar do patrimônio líquido de uma empresa brasileira, constituída na forma de sociedade por ações, na data do encerramento do exercício social:

a) Lucros Acumulados

b) Prejuízos Acumulados

c) Reservas de Capital

d) Ações em tesouraria

e) Ajustes de avaliação patrimonial

SOLUÇÃO

A alternativa A é a correta, pois de acordo com a Lei nº 11.638/2007 que alterou a Lei nº 6.404/1976, uma das alterações foi a mudança da composição do patrimônio líquido.

Art. 1º- O Art. 178 passa a vigorar com a seguinte redação:

d) patrimônio líquido, dividido em capital social, reservas de capital, ajustes de avaliação patrimonial, reservas de lucros, ações em tesouraria e prejuízos acumulados.

Ou seja, antes da mudança na lei era prevista, no patrimônio líquido, a conta lucro ou prejuízo acumulado. Agora somente prejuízos acumulados.

GABARITO: A

PATRIMÔNIO: COMPONENTES, EQUAÇÃO FUNDAMENTAL DO PATRIMÔNIO E SITUAÇÃO LÍQUIDA

10. Formulada pelo professor

Analise os itens a seguir, relativos à composição do patrimônio da entidade:

I – Os bens e direitos formam o patrimônio bruto da empresa.

II – Os direitos devem gerar benefícios presentes ou futuros para a entidade.

III – As obrigações são representadas do lado direito do balanço patrimonial.

Assinale a opção correta.

a) Apenas os itens II e III estão certos.

b) Apenas o item III está certo.

c) Apenas o item I e II está certo.

d) Apenas os itens I e III estão certos.

e) Os itens I, II e III estão certos.

SOLUÇÃO

O item I está correto, possui o **patrimônio bruto** da empresa é representado pelos seus bens e direitos, os quais também são chamados de ATIVO.

O item II está correto, pois os direitos são recursos que a empresa tem a receber e **que gerarão benefícios presentes ou futuros.**

O item III está correto, pois o PASSIVO é **representado graficamente do lado direito do balanço patrimonial**, correspondendo as **obrigações** da entidade.

Gabarito: E

11. Formulada pelo professor

Assinale a opção que possui apenas obrigações:

a) salários a pagar, impostos a recolher e caixa

b) salários a pagar, impostos a recolher e fornecedores

c) empréstimos a pagar, fornecedores e clientes

d) fornecedores, empréstimos a receber e clientes

e) empréstimos a receber, caixa e clientes

SOLUÇÃO

Na alternativa A, caixa é classificado como bem.

Na alternativa B, todos os itens são classificados obrigações.

Na alternativa C, clientes são classificados como direitos.

Na alternativa D, empréstimos a receber e clientes são classificados como direitos.

Na alternativa E, empréstimos a receber e clientes são classificados como direitos e caixa classificado como bem.

Gabarito: B

---

12. Banca: CESPE **Cargo:** Contador **Órgão:** MS **Ano:** 2013

Em relação ao patrimônio, julgue o item subsequente:

Patrimônio líquido é o valor residual entre investimentos e capitais de terceiros.

Certo ( ) Errado ( )

SOLUÇÃO

A questão está certa, pois a diferença entre bens e direitos (ativo) e obrigações com terceiros é chamada de patrimônio líquido.

Notem que a banca colocou expressões parecidas para dificultar!

Mas é possível dizer que os ativos são os **investimentos da empresa** (aplicação de recursos) e as obrigações com terceiros podem ser classificados como **capital de terceiros.**

Gabarito: Certo

---

13. Banca: QUADRIX **Cargo:** Contador **Órgão:** CFO-DF **Ano:** 2017

Com relação a patrimônio, julgue o próximo item:

A situação patrimonial representada por ativo + patrimônio líquido = passivo é mais compatível com uma empresa em fase de prosperidade e crescimento.

Certo ( ) Errado ( )

SOLUÇÃO

A questão está errada pois se trata de uma situação líquida nula, ou seja, PL = 0.

Onde, A + PL = P (A = Ativo; PL = Patrimônio Líquido; e P = Passivo)

Para que o Ativo continue igual ao lado do passivo, o PL deve ser igual a 0:

Exemplo:

Ativo: 100.000

PL: 0,00

Passivo: 100.000

100.000 + 0 = 100.000

Gabarito: Errado

14. **Banca:** CESPE **Cargo:** Técnico Judiciário **Órgão:** TRE-BA **Ano:** 2017

Ao analisar a equação patrimonial de uma empresa, um técnico em contabilidade constatou que o valor total do passivo correspondia ao dobro do valor do patrimônio líquido. Nessa situação hipotética:

a) o total do ativo da empresa equivale a três vezes o total do patrimônio líquido.

b) o total do passivo da empresa é igual a um terão do total do ativo.

c) o total do ativo da empresa corresponde a duas vezes e meia o total do passivo.

d) a empresa está com o passivo a descoberto.

e) o total do patrimônio líquido da empresa é igual a metade do total do ativo.

SOLUÇÃO

A questão não é difícil, mas requer interpretação. Vamos analisar:

A = PE + PL

Caso PE = 2 PL

Teríamos:

A = 2 PL + PL

Logo:

A = 3 PL

Gabarito: A

15. Banca: CESPE Cargo: Agente Órgão: PF Ano: 2018

Considerando que a contabilidade é a ciência que estuda os fenômenos patrimoniais sob o aspecto da finalidade organizacional, julgue o item a seguir, no que se refere a conceitos, objetivos e finalidades da contabilidade.

Para o estudo da contabilidade, patrimônio é a diferença entre ativos e passivos detidos pelas entidades.

Certo ( ) Errado ( )

SOLUÇÃO

A questão está errada, pois patrimônio consiste no conjunto indivisível de bens, direitos e obrigações.

Os bens e direitos representam os ATIVOS e as obrigações os PASSIVOS.

Já o patrimônio líquido é a diferença entre ativos e passivos.

Logo, o enunciado trata de patrimônio líquido e não de patrimônio.

GABARITO: Errado

ATOS E FATOS ADMINISTRATIVOS: CONCEITOS, FATOS PERMUTATIVOS, MODIFICATIVOS E MISTOS

16. **Banca:** CESPE **Cargo:** Auditor do Estado **Órgão:** SEFAZ-RS **Ano:** 2019

Se uma entidade adquirir, à vista, ações da própria entidade pelo valor de mercado, então, para a entidade essa operação representará um fato contábil:

a) misto aumentativo.

b) misto diminutivo.

c) modificativo diminutivo.

d) modificativo aumentativo.

e) permutativo.

SOLUÇÃO

Questão muito interessante!

Pois a aquisição de ações da própria entidade **MODIFICA O PATRIMÔNIO LÍQUIDO DA ENTIDADE PARA MENOS!**

Logo, deveria ser considerada a LETRA C!

No entanto, a banca tinha o entendimento que os fatos contábeis modificativos e mistos devem envolver pelo menos uma conta de resultado.

Por conta dessa divergência, a questão foi anulada!

Em nosso entendimento, mesmo sem conta de resultado, modificou o PL é fato modificativo.

Gabarito: C

17. **Banca:** CESPE **Cargo:** Técnico Judiciário – Contabilidade **Órgão:** TRE-BA **Ano:** 2017

O fato que envolve simultaneamente um fato qualitativo e um fato quantitativo, alterando positivamente o patrimônio líquido, é denominado fato:

a) modificativo aumentativo.

b) misto diminutivo.

c) permutativo.

d) composto aumentativo.

e) modificativo diminutivo.

SOLUÇÃO

Fácil essa, hein!

Fato composto é sinônimo de fato misto.

Assim, um fato que envolve simultaneamente um fato qualitativo (permutativo) e um fato quantitativo, alterando positivamente o patrimônio líquido, é denominado de fato composto (misto) aumentativo.

Gabarito: D

---

18. Banca: AOCP **Cargo:** Analista Legislativo **Órgão:** CMRB **Ano:** 2016

A empresa Pinos fez uma compra de mercadoria para o seu estoque no valor de R$ 1.000,00 à vista.

Como se chama o fato contábil que ocorreu no exemplo dado?

a) Misto.

b) Composto.

c) Modificativo.

d) Permutativo.

e) Evolutivo.

SOLUÇÃO

Outra questão praticamente igual!

Na compra de mercadoria para estoque à vista há uma saída do caixa/banco e uma entrada de mercadorias no estoque;

D Estoque

C Caixa/Banco

Logo, estamos diante de um **fato permutativo.**

Gabarito: D

---

19. Banca: CESPE **Cargo:** Agente **Órgão:** PF **Ano:** 2018

Nas demonstrações contábeis de determinada empresa, foram selecionadas as contas a seguir, reunidas em quatro grupos, e seus respectivos saldos:

grupo 1

caixa e equivalentes	10.000,00
créditos contra clientes	350.000,00
estoques para revenda	250.000,00
veículos	120.000,00

grupo 2

duplicatas descontadas	100.000,00
fornecedores	80.000,00
salários e encargos a pagar	50.000,00

grupo 3

capital social	400.000,00
reservas de lucros	100.000,00

grupo 4

depreciação	15.000,00
vendas líquidas	2.000.000,00
salários e encargos	450.000,00

Com base nessas informações, julgue os seguintes itens:

Um fato modificativo exige um registro contábil em conta do grupo 4.

Certo ( ) Errado ( )

SOLUÇÃO

A questão foi considerada certa, pois a CESPE entende que necessaria-mente deve existir uma conta de resultado para apresentação do fato modificativo.

E as contas do grupo 4 representam contas de resultado.

Gabarito: Certo

Se a empresa realizar um crédito em conta do grupo 1, em contraparti-da a um débito em contas dos grupos 2 e 4, ela representará um fato misto.

SOLUÇÃO

A questão está certa, pois a situação prevista no enunciado acima sugere a liquidação de um passivo (conta de grupo 2) com juros (conta do grupo 4), ou seja, ensejando a saída de recursos de um ativo (conta de grupo 1).

Gabarito: Certo

CONTAS: CONCEITOS, CONTAS DE DÉBITOS, CONTAS DE CRÉDITOS E SALDOS. PLANO DE CONTAS: CONCEITOS, ELENCO DE CONTAS, FUNÇÃO E FUNCIONAMENTO DAS CONTAS

20. **Banca:** CESPE **Cargo:** Analista – Contabilidade **Órgão:** FUNPRESP
Ano: 2016

As contas retificadoras acompanham as respectivas contas principais no balanço patrimonial, sendo lançadas sempre com sinal oposto ao do lançamento das contas que retificam.

Certo ( ) Errado ( )

SOLUÇÃO

A questão está certa!

Essa é a sistemática das contas redutoras ou retificadoras, pois elas possuem **natureza contrária às contas que acompanham**.

Ou seja, as redutoras de contas de ativo, possuem natureza credora. E as redutoras de contas de passivo e patrimônio líquido, possuem natureza devedora.

Gabarito: Certo

21. **Banca:** VUNESP **Cargo:** Auditor Tributário **Órgão:** Pref. SJC **Ano:** 2015

As contas patrimoniais:

a) são encerradas no final do exercício.

b) nem sempre alteram o patrimônio líquido quando mudam de valor.

c) não podem apresentar saldo nulo.

d) quando classificadas no Passivo, aumentam por débito

e) quando classificadas no Patrimônio Líquido, diminuem por crédito.

SOLUÇÃO

A letra A está errada, pois as contas de resultado (receitas e despesas) que encerram ao final de cada exercício.

A letra B está certa, pois nem toda alteração de conta patrimonial resulta em alteração no PL. Compra de mercadorias a prazo, por exemplo. Aumenta o ativo e passivo em igual valor, mas não altera o PL.

A questão C está errada, pois as contas patrimoniais podem apresentar saldo nulo em determinado momento.

A questão D está errada, pois as contas patrimoniais quando classificadas no passivo aumentam por crédito. Veremos com mais detalhes na próxima aula.

A questão E está errada, pois as contas patrimoniais quando classificadas no PL diminuem por débito. Também veremos com mais detalhes na próxima aula.

Gabarito: B

22. **Formulado pelo professor**

Eis uma lista de títulos constantes do Plano de Contas da Empresa Sucesso S/A.

01 - CAIXA

02 - CAPITAL SOCIAL

03 – CUSTO DAS VENDAS

04 - DESPESAS DE ALUGUEL

05 - DUPLICATAS A PAGAR

06 - DUPLICATAS A RECEBER

07 - IMPOSTOS A RECOLHER

08 - MERCADORIAS

09 - MÓVEIS E UTENSÍLIOS

10 - RECEITAS DE VENDAS

De acordo com as informações acima, julgue o item a seguir:

De acordo com a classificação técnica das contas, podemos dizer que existem:

a)   7 contas patrimoniais e 3 contas de resultado

b)   6 contas patrimoniais e 4 contas de resultado

c)   5 contas patrimoniais e 5 contas de resultado

d)   4 contas patrimoniais e 6 contas de resultado

e)   3 contas patrimoniais e 7 contas de resultado

SOLUÇÃO

Vamos a classificação de cada conta:

01- CAIXA (PATRIMONIAL)

02- CAPITAL SOCIAL (PATRIMONIAL)

03- CUSTO DAS VENDAS (RESULTADO)

04- DESPESAS DE ALUGUEL (RESULTADO)

05- DUPLICATAS A PAGAR (PATRIMONIAL)

06- DUPLICATAS A RECEBER (PATRIMONIAL)

07- IMPOSTOS A RECOLHER (PATRIMONIAL)

08- MERCADORIAS (PATRIMONIAL)

09- MÓVEIS E UTENSÍLIOS (PATRIMONIAL)

10- RECEITAS DE VENDAS (RESULTADO)

Gabarito: A

23. Banca: CESPE **Cargo:** Analista - Contabilidade **Órgão:** FUNPRESP **Ano:** 2016

Elenco de contas e plano de contas são termos sinônimos e constituem a relação de todas as contas utilizadas pela entidade no registro contábil das suas operações.

Certo (   ) Errado (   )

SOLUÇÃO

A questão está errada, pois elenco de contas não é sinônimo de plano de contas!

O elenco de contas é parte integrante do plano de contas.

Ou seja, o plano de contas deve reunir os elementos necessários para o registro das operações realizadas pela empresa e para tanto precisa ter um elenco de contas com as suas respectivas funções.

Gabarito: Errado

24. **Banca:** CESPE **Cargo:** Auditor do Estado **Órgão:** CAGE-RS **Ano:** 2018

As contas de despesas são de natureza credora, e as contas de receita são de natureza devedora.

Certo ( ) Errado ( )

SOLUÇÃO

A questão está errada, pois assim como as contas de ativos, as contas de despesas são aplicações de recursos e logo, possuem **NATUREZA DEVEDORA**.

As contas de receita assim como as contas de passivo e patrimônio líquido são consideradas origens de recursos, logo possuem **NATUREZA CREDORA**.

Veremos as contas de despesas e receitas com mais detalhes na aula seguinte.

Gabarito: Errado

25. **Banca:** PUC-PR **Cargo:** Auditor Fiscal **Órgão:** Pref. Campo Grande **Ano:** 2019

Assinale "V" para as afirmações verdadeiras e "F" para as afirmações falsas sobre o plano de contas.

( ) É o conjunto de contas, previamente estabelecido, para orientar a execução da contabilidade de uma empresa.

( ) O plano de contas é estruturado de forma ordenada e leva em consideração algumas características fundamentais, tais como: tamanho da empresa, ramo de atividade, sistema contábil (equipamentos contábeis), interesses dos usuários etc.

( ) Sem dúvida, quanto maior o tamanho da empresa, maior a necessidade de detalhar a contabilidade através do plano de contas.

( ) O plano de contas será elaborado de acordo com o objetivo de cada empresa, as características do seu ramo ou setor de atividade.

( ) As pessoas que utilizam a contabilidade, sejam elas gerentes/administradores, proprietários, governo e outros, são as maiores interessadas em definir que tipo de informação desejam da contabilidade. Portanto, no momento da formulação do plano de contas, não se poderia desprezar os interesses dos usuários.

Assinale a opção que indica a sequência CORRETA:

a) V – F – V – F – V

b) V – V – V – V – V

c) F – V – F – V – F

d) V – V – V – V – F

e) V – V – V – F – F

SOLUÇÃO

Item I: **Verdadeiro** O plano de contas é um conjunto de contas estabelecido pela entidade a fim de servir como base para a escrituração contábil permitindo o que o item denominou de "execução da contabilidade".

Item II: **Verdadeiro** O plano de contas deve levar em consideração as peculiaridades de cada empresa, especialmente seu porte e ramo de atuação, além, claro, dos interesses dos usuários, a final o objetivo fim da Contabilidade é fornecer informações úteis aos diversos usuários das informações contábeis.

Item III **Verdadeiro** Certamente quanto maior a empresa maior será a complexidade do sistema de Contabilidade e, portanto, maior será o número de contas escrituradas.

Item IV **Verdadeiro** O plano de contas deve ser elaborado de acordo com o objetivo de cada empresa, as características do seu ramo ou setor de atividade.

Item V **Verdadeiro** Parece ser óbvio que na montagem do plano de contas, a empresa deve levar em consideração os seus diversos usuários da informação contábil.

Gabarito: B

26. **Banca:** CESPE **Cargo:** Auditor do Estado **Órgão:** CAGE-RS **Ano:** 2018

Um registro de débito na contabilidade de uma empresa tem o efeito de:

a) aumentar os ativos e reduzir os passivos.

b) aumentar tanto os ativos como os passivos.

c) reduzir tanto os ativos como os passivos.

d) neutralidade: não altera nem os ativos nem os passivos.

e) reduzir os ativos e aumentar os passivos.

SOLUÇÃO

Esqueminha básico para resolver:

	natureza	aumenta	diminui
ativo	**devedora**	**débito**	**crédito**
passivo	**credora**	**crédito**	**débito**
patrimônio líquido	credora	crédito	débito

Gabarito: A

27. **Banca:** CESPE **Cargo:** Agente **Órgão:** PF **Ano:** 2018

Determinada sociedade comercial criou uma rubrica contábil para abrigar os valores dos estoques em trânsito. Na abertura do exercício corrente, essa rubrica possuía saldo de R$ 50.000.

A respeito dessa situação hipotética, julgue o próximo item.

A referida conta é de natureza credora.

Certo ( ) Errado ( )

SOLUÇÃO

A questão está errada, pois a conta ESTOQUES em TRÂNSITO refere-se a uma conta de ATIVO.

E todo ATIVO possui natureza DEVEDORA.

GABARITO: Errado

No plano de contas da sociedade, a conta descrita integra o ativo disponível.

Certo ( ) Errado ( )

SOLUÇÃO

A questão está errada, pois o ATIVO DISPONÍVEL representa as disponibilidades da entidade (caixa e equivalentes de caixa).

A conta ESTOQUES em TRÂNSITO representa um bem que necessita ser vendido para ser convertido em disponibilidade.

GABARITO: Errado

ESCRITURAÇÃO: CONCEITOS, LANÇAMENTOS CONTÁBEIS, ELEMENTOS ESSENCIAIS, FÓRMULAS DE LANÇAMENTOS, LIVROS DE ESCRITURAÇÃO, MÉTODOS E PROCESSOS, REGIME DE COMPETÊNCIA E REGIME DE CAIXA

28. **Banca:** CESPE **Cargo:** Ciências Atuariais **Órgão:** TCE-PA **Ano:** 2016

Julgue o item seguinte referente aos fatos contábeis e às variações patrimoniais deles decorrentes:

A obtenção de empréstimos junto a instituições financeiras provoca, na data da liberação dos recursos, um aumento simultâneo do ativo e do passivo das entidades beneficiárias desse tipo de operação de crédito.

Certo ( ) Errado ( )

SOLUÇÃO

Imagine uma operação de empréstimo no valor de R$ 100.000,00. A empresa que contraiu o empréstimo teve aumento no ativo de R$ 100.000,00 pela entrada de recursos no banco e aumento no passivo de R$ 100.000,00 devido a dívida do principal.

Gabarito: Certo

29. **Banca:** CESPE **Cargo:** Auditor do Estado **Órgão:** CAGE-RS **Ano:** 2018

A respeito do regime de competência e dos livros contábeis, julgue os itens a seguir:

I - No regime de competência, as receitas são reconhecidas quando são ganhas, mesmo que não recebidas.

II - No lançamento em livro diário, devem-se descrever o título e o saldo da conta.

III - No livro razão, o confronto dos créditos e dos débitos denomina-se saldo.

IV - De acordo com o regime de competência, as receitas e as despesas são consideradas em função dos recebimentos ou dos pagamentos.

Estão certos apenas os itens:

a) I e II

b) I e III

c) III e IV

d) I, II e IV

e) II, III e IV

SOLUÇÃO

O item I está certo, pois pelo regime de competência as receitas são reconhecidas pelo fato gerador, independentemente de seu recebimento. O mesmo raciocínio se aplica às despesas, as quais devem ser reconhecidas no momento do fato gerador, independentemente do pagamento.

O item II está errado, pois os requisitos das partidas do Diário são os seguintes:

- Data do registro contábil

- Conta devedora

- Conta credora

- Histórico que represente a essência econômica da transação

- Valor do registro contábil;

- Informação que permita identificar, de forma unívoca, todos os registros que integram um mesmo lançamento contábil.

O item III está certo, pois ao confrontar os lançamentos a crédito e débito de uma conta chega-se ao saldo dessa conta.

O item IV está errado, pois de acordo com o regime de caixa, as receitas e as despesas são consideradas em função dos recebimentos ou dos pagamentos.

Gabarito: B

30. **Banca:** IADES **Cargo:** Analista-Contador **Órgão:** CRF-DF **Ano:** 2017

A técnica contábil que tem por propósito efetuar o registro dos fatos contábeis em livros próprios é denominada

a) elaboração.

b) levantamento.

c) escrituração.

d) lavratura.

e) auditoria.

SOLUÇÃO

A escrituração é a técnica contábil que registra os fatos que alteram o patrimônio, sendo feita por meio dos lançamentos. Esse é efetuado em livros contábeis próprios como o Diário, Razão etc.

Gabarito: C

31. Banca: FGV Cargo: Contador Órgão: BADESC Ano: 2010

Com base na lei 6.404/76, analise os lançamentos contábeis a seguir:

Bancos

a Diversos

a Duplicatas a Receber

a Receitas de Juros

Esses lançamentos contábeis representam:

a) pagamento de duplicata com juros.

b) recebimento de duplicatas com juros.

c) pagamento de empréstimo com juros contratuais.

d) emissão de duplicata com ágio.

e) aceite de duplicata com deságio.

SOLUÇÃO

Vamos lembrar que a letra "a" no lançamento simboliza a(s) conta(s) que deverá receber lançamento a crédito.

Tendo em vista que temos crédito na conta "duplicatas a receber" que possui natureza devedora, observa-se que a duplicata foi recebida e precisa ser baixada.

Além disso, observou-se a conta receita de juros, e toda receita possui natureza credora. E se o banco recebeu lançamento devedor, presume-se que:

Houve o recebimento de duplicatas com juros

Gabarito: B

32. Banca: ESAF Cargo: Analista de Comércio Exterior Órgão: SU-SEP Ano: 2012

O lançamento de terceira fórmula é chamado de lançamento composto porque é formado de:

a) duas contas devedoras e duas contas credoras.

b) duas contas devedoras e uma conta credora.

c) uma conta devedora e duas ou mais contas credoras.

d) duas ou mais contas devedoras e duas ou mais contas credoras.

e) duas ou mais contas devedoras e uma conta credora.

SOLUÇÃO

Relembrando:

1ª fórmula 1 débito e 1 crédito

2ª fórmula 1 débito e + 1 crédito

3ª fórmula + 1 débito e 1 crédito

4ª fórmula + 1 débito e +1 crédito

Gabarito: E

33. **Banca:** IF-ES **Cargo:** Técnico em Contabilidade **Órgão:** IF-ES **Ano:** 2019

A empresa Cia. Sucesso vendeu no mês X1 $ 40.000, dos quais $ 22.000 recebeu à vista e o restante receberá a prazo, no mês X2. As despesas no mês X1 foram de $ 28.000, sendo que $ 14.000 foram pagos à vista e o restante será pago no mês X2. Considerando as informações apresentadas, assinale a alternativa que apresenta o Resultado Líquido do mês X1 pelos Regimes de Caixa e Competência, respectivamente:

a) $ 20.000 e $ 12.000

b) $ 32.000 e $ 26.000

c) $ 10.000 e $ 2.000

d) $ 8.000 e $ 12.000

e) $ 8.000 e $ 6.000

SOLUÇÃO

Analisando como mês X1, temos os seguintes registros:

Evento	Caixa	Competência
I – Venda de R$ 40.000 e recebimento de R$ 22.000	22.000	40.000

II – Despesas de R$ 28.000 e pagou R$ 14.000	(14.000) (28.000)
Resultado	**8.000 12.000**

Regime de Caixa:

Recebimento de 22.000 e Desembolso de 14.000

Resultado positivo de 8.000

Regime de Competência:

Receita de 40.000 e Despesa de 28.000

Lucro de 12.000

Gabarito: D

34. Banca: CESPE **Cargo:** Agente **Órgão:** PF **Ano:** 2018

Em função da competência contábil, deve ser considerado despesa do exercício corrente o valor do aluguel do imóvel que tenha sido utilizado no exercício corrente e só será pago no exercício seguinte.

Certo ( ) Errado ( )

SOLUÇÃO

A questão está certa, pois pelo princípio da competência registra-se despesas e receitas no momento do fato gerador, independentemente do pagamento ou recebimento.

Logo, deve-se apropriar a despesa de aluguel, mesmo que o pagamento ocorra no mês seguinte a partir do seguinte lançamento:

D Despesas de Aluguel (Aluguéis Passivos)

C Aluguel a pagar

GABARITO: Certo

CONTABILIZAÇÃO DE OPERAÇÕES CONTÁBEIS DIVERSAS

35. Banca: IBADE **Cargo:** Técnico em Contabilidade **Órgão:** IPM – JP **Ano:** 2018

Considere a compra de um imóvel por uma empresa, no valor de R$ 100.00,00 (cem mil reais), os quais foram pagos da seguinte forma: 0% à vista e o restante a ser pago em quatro prestações semestrais. A fórmula que será adotada na contabilização desse evento é a:

a) 4ª

b) 2ª

c) 5ª

d) 3ª

e) 1ª

SOLUÇÃO

Primeiramente, vamos relembrar as fórmulas dos lançamentos?

1 – 1 (Lançamento de primeira fórmula)

1 – 2 (Lançamento de segunda fórmula)

2 – 1 (Lançamento de terceira fórmula)

2 – 2 (Lançamento de quarta fórmula)

Considerando que na questão temos apenas um ativo e 2 tipos de passivo (circulante e não circulante) devido ao prazo para pagamento, estamos falando de um lançamento de **SEGUNDA FÓRMULA.**

Gabarito: B

36. **Banca:** FUNDATEC **Cargo:** Tesoureiro **Órgão:** Prefeitura de Água Santa – RS **Ano:** 2019

O Tesoureiro registrou no Livro Caixa a entrada de R$ 1.950,00 referente ao recebimento, em dinheiro, de uma duplicada, emitida com valor nominal de R$ 2.000,00 pela venda de mercadorias a prazo. Em face da pontualidade do cliente, foi concedido a ele um desconto de R$ 50,00. Como deve ser registrado esse fato no Livro Diário da entidade? Indique o esquema de lançamento que representa adequadamente o registro contábil do fato (D = Débito; C = Crédito).

a) D CAIXA   1.950,00

D DESCONTOS CONCEDIDOS   50,00

C CLIENTES   2.000,00

b) D CLIENTES	2.000,00
C DESCONTOS CONCEDIDOS	50,00
C CAIXA	1.950,00
c) D CAIXA	1.950,00
D DESCONTOS CONCEDIDOS	50,00
C VENDAS DE MERCADORIAS	2.000,00
d) D CAIXA	1.950,00
C VENDA DE MERCADORIAS	1.950,00
e) D VENDA DE MERCADORIAS	1.950,00
C CAIXA	1.950,00

SOLUÇÃO

O valor da venda foi R$ 2.000,00 não é? Então o lançamento inicial será de:

D Clientes

C Receita de vendas

Se houve recebimento a menor por conta do desconto, esse desconto será considerado uma despesa.

Logo, o recebimento a menor com desconto e a respectiva baixa do cliente será registrada da seguinte forma:

D Caixa 1.950

D Descontos Concedidos 50

C Clientes 2.000

Gabarito: A

37. **Banca:** Quadrix **Cargo:** Analista - Contabilidade **Órgão:** CO-DHAB-DF **Ano:** 2018

A respeito dos conceitos avançados de contabilidade geral, julgue o item subsequente.

Se determinada empresa contrair empréstimo com previsão de liberação de recursos em parcelas, o montante total do empréstimo deverá ser lançado no passivo no momento da contratação, independentemente do cronograma de liberação.

Certo ( ) Errado ( )

SOLUÇÃO

A questão está errada, Pois se a instituição financeira não liberou o recurso, a empresa **AINDA NÃO POSSUI UMA OBRIGAÇÃO DE TER QUE DEVOLVER O VALOR EMPRESTADO.**

Somente no caso da entrega dos recursos, a empresa deverá registrar o seguinte lançamento:

D Banco

D Juros a apropriar

C Empréstimos a pagar

A conta de juros a apropriar é uma conta redutora do passivo e se refere ao total de juros que serão reconhecidos ao longo do período do empréstimo, sendo reconhecida como despesa no momento do fato gerador.

Gabarito: Errado

---

38. Formulado pelo professor

A seguir será apresentado fato relativo à empresa Comercial Varejos Ltda.:

Venda de veículo pelo valor de R$ 10.000, registrado no ativo imobilizado pelo valor líquido de R$ 5.000.

Considerando-se que, na baixa por venda do veículo, há que se apurar ganho ou perda de capital, o fato deverá ser contabilizado por meio do seguinte lançamento:

D – Caixa/Bancos   R$ 10.000

D – Veículos   R$ 5.000

C – Ganho na baixa de bens   R$ 15.000

Certo ( ) Errado ( )

SOLUÇÃO

A questão está errada!

A venda do veículo por um valor acima do que estava contabilizado, gera um ganho na operação. Tendo em vista que este lucro (ganho) aumenta o Patrimônio Líquido, deve ter natureza credora.

A baixa do veículo (que possui natureza devedora) deve ser feita a partir de uma conta credora.

E a entrada de caixa/banco ser realizado um lançamento devedor.

Nesse contexto, o lançamento correto será:

D Caixa   10.000

C Veículos   5.0000

C Ganho na venda   5.0000

Gabarito: Errado

39. Formulado pelo professor

A seguir serão apresentados fatos relativos à empresa Comercial Varejos Ltda.:

Apropriação das despesas relativas aos salários dos empregados no valor de R$ 2.000 no mês de janeiro.

Pagamento de parte de salários no valor de 160 em fevereiro.

Os fatos deverão ser registrados por meio dos seguintes lançamentos:

D – Salários	R$ 2.000
C – Salários a pagar	R$ 2.000
D – Salários a pagar	R$ 1.840
C - Banco	R$ 1.840

Certo ( ) Errado ( )

SOLUÇÃO

A questão está errada!

O primeiro registro está correto:

D Salários   2.000

C Salários a pagar   2.000

Ou seja, apropriou a despesa conforme o fato gerador, mas como o pagamento ocorrerá no mês seguinte vai ocasionar um passivo.

No entanto, o pagamento de 160 gera o seguinte lançamento:

D Salários a pagar   160

C Banco   160

Ou seja, uma saída de 160 do banco e uma baixa na conta de salários a pagar no mesmo valor.

Gabarito: Errado

---

40. Banca: Quadrix **Cargo:** Contador **Órgão:** CRA-PR **Ano:** 2019

A respeito da contabilização de operações contábeis diversas, julgue o item.

Se uma parcela das mercadorias adquiridas for devolvida pelos fornecedores, a devolução será registrada necessariamente por meio da redução dos estoques.

Certo ( ) Errado ( )

SOLUÇÃO

A questão está errada!

A devolução de parte de mercadorias gera uma **ENTRADA DE ESTOQUES** na empresa, logo, ocorre um aumento no seu saldo.

Por exemplo, venda à vista de mercadorias no valor R$ 100.000,00 (possui custo de R$ 60.000,00) com posterior devolução de 20% das vendas (sem considerar questões tributárias)

1 - Registro da venda:

D Banco   100.000

C Receita de vendas   100.000

2 - Baixa do estoque:

D CMV   60.000

C Estoques   60.000

3 – Devolução de parte da venda (20%):

D Devolução da venda (Dedução da receita)	20.000 (20% de 100.000)
C Banco	20.000

4 – Devolução de parte dos estoques (20%):

D Estoque	12.000 (20% de 60.000)
C CMV	12.000

Gabarito: Errado

41. Banca: CESPE Cargo: Agente Órgão: PF Ano: 2018

A aquisição de mercadorias para revenda, quando classificável na conta mencionada, gerará uma contrapartida em conta de fornecedores ou de caixa e equivalentes.

Certo ( ) Errado ( )

SOLUÇÃO

A questão está certa, pois o reconhecimento da transação de compra de mercadorias para revenda pode ser realizado de 2 formas:

À vista

D Estoques de mercadorias

C Caixa e equivalentes

A prazo

D Estoques de mercadorias

C Fornecedores

GABARITO: Certo

42. Banca: CESPE Cargo: Agente Órgão: PF Ano: 2018

Com relação à escrituração contábil nos livros das sociedades, julgue o item subsequente.

A aquisição à vista de um veículo pelo valor de R$ 80.000, ainda que esse valor resulte de um desconto, negociado no momento da aquisição, no valor de R$ 4.000, representa-se por meio de um lançamento de primeira fórmula.

Certo ( ) Errado ( )

SOLUÇÃO

A questão está certa, pois o desconto negociado no momento da aquisição se refere a um desconto comercial (incondicional), logo, não compõe o custo do imobilizado.

Nesse contexto, o lançamento contábil após a negociação do desconto será:

D Veículos

C Caixa e equivalentes

GABARITO: Certo

---

43. Banca: CESPE Cargo: Agente Órgão: PF Ano: 2018

Determinada sociedade comercial realizou, no período corrente, as transações apresentadas a seguir.

- Apropriou a terceira cota anual cheia de depreciação de um veículo, originalmente adquirido.

por R$ 60.000, com vida útil estimada em 5 anos. A empresa tem como política considerar um valor residual de 10% para todos os seus bens. O método de depreciação empregado é o da soma dos dígitos dos anos.

- Descontou, no banco onde mantém conta, uma duplicata a vencer em 60 dias. O título, com valor nominal de R$ 100.000, gerou um crédito de R$ 97.000 na conta corrente da empresa.

- Vendeu mercadorias por R$ 10.000, líquido de tributos, realizando a baixa dos estoques correspondentes, no valor de R$ 5.500.

Nessa situação hipotética:

A venda de mercadorias gerou um resultado com mercadorias de R$ 4.500.

Certo ( ) Errado ( )

SOLUÇÃO

A questão está certa, pois temos os seguintes lançamentos contábeis:

Venda de mercadorias

D Caixa e equivalentes	10.000
C Receita de vendas	10.000

Baixa do estoque

CMV	5.500
Estoque	5.500
Lucro da operação	**4.500 (10.000 – 4.500)**

GABARITO: Certo

A empresa, no momento do desconto do título, contabilizou despesa com encargos financeiros de R$ 3.000.

Certo ( ) Errado ( )

SOLUÇÃO

A questão está errada, pois os encargos financeiros devem ser reconhecidos *"pro rata"*, à medida do transcurso do tempo compreendido entre a operação de desconto e a data do vencimento do título.

O lançamento da operação seria:

D Bancos (Ativo Circulante)	97.000
D Encargos financeiros a transcorrer (Red. Passivo Circulante)	3.000
C Duplicatas descontadas (Passivo Circulante)	100.000

GABARITO: Errado

A depreciação do veículo gerou um crédito de R$ 10.800 na conta de depreciação acumulada.

Certo ( ) Errado ( )

SOLUÇÃO

A questão está certa, pois o método de depreciação das somas dos dígitos proporciona uma depreciação decrescente (caso o enunciado não informe o contrário) sendo calculado pela divisão entre o número do período de vida útil (de forma decrescente) e o somatório dos valores dos números do período da vida útil.

Ou seja:

1 + 2 + 3 + 4 + 5 = 15

Depreciação Ano 1 = 5/15 (0,33)

Depreciação Ano 2 = 4/15 (0,27)

Depreciação Ano 3 = 3/15 (0,20)

Depreciação Ano 4 = 2/15 (0,13)

Depreciação Ano 5 = 1/15 (0,07)

Como o enunciado pede a apropriação da terceira cota, temos:

Valor depreciável = 54.000,00 (60.000,00 − 6.000,00)

Depreciação Ano 3 = 54.000,00 x 0,20 = 10.800

GABARITO: Certo

BALANCETE DE VERIFICAÇÃO

44. Banca: CESPE **Cargo:** Agente de Polícia Federal **Órgão:** PF **Ano:** 2014

O balancete de verificação é feito a partir da extração dos saldos contidos no livro diário.

Certo ( ) Errado ( )

SOLUÇÃO

A questão está errada!

Pois o balancete é elaborado a partir do saldo apresentado no **livro razão.**

O livro diário apresenta todos os lançamentos contábeis por ordem cronológica.

Nesse sentido, o balancete é feito a partir dos saldos do livro razão.

O balancete de verificação é um demonstrativo de caráter auxiliar em que são relacionadas todas as contas, sejam ela patrimoniais ou de resultado.

Gabarito: Errado

45. **Banca:** CESPE **Cargo:** Agente de Inteligência **Órgão:** ABIN **Ano:** 2010

Quando a soma dos saldos credores for igual à soma dos saldos devedores no balancete de verificação, não haverá nenhum erro nos lançamentos contábeis do período.

Certo ( ) Errado ( )

SOLUÇÃO

A questão está errada!

Pois o fato de a soma dos saldos credores ser igual à soma dos saldos devedores não significa que os registros contábeis estão livres de erros.

É simplesmente uma igualdade matemática.

Por exemplo, se uma compra que foi paga em espécie, mas o registro foi feito através do banco, não será "acusada" no balancete de verificação.

Gabarito: Errado

46. **Banca:** CESPE **Cargo:** Agente **Órgão:** PF **Ano:** 2018

O balancete de verificação é um resumo ordenado de todas as contas utilizadas pela contabilidade da entidade que o apresenta, destinando-se a detectar todos os possíveis erros de contabilização eventualmente ocorridos.

Certo ( ) Errado ( )

GABARITO: Errado

A questão está errada, pois o balancete de verificação é uma demonstração auxiliar que tem por objetivo aferir se o método das partidas dobradas da empresa foi aplicado pela entidade (soma dos saldos deve-dores igual a soma dos saldos credores).

Nesse contexto, mesmo que o total de débitos seja igual a total de cré-ditos, **existe a possibilidade de ocorrer erros de lançamentos contábeis, os quais não serão detectados no balancete** (por exemplo, reconheci-mento de um débito na conta caixa em vez da conta banco).

Ou seja, o lançamento estaria errado, mas como as duas contas possuem natureza devedora, o balancete não apresentaria problema.

47. **Banca:** CESPE **Cargo:** Agente **Órgão:** PF **Ano:** 2018

O balancete de verificação pode ser levantado em modelos que vão de um mínimo de duas

colunas a um máximo de seis colunas.

Certo ( ) Errado ( )

GABARITO: Errado

A questão está errada, pois na prática os modelos de balancete utiliza-dos podem conter duas, quatro, seis ou oito colunas.

BALANÇO PATRIMONIAL
48. **Formulado pelo professor**

Com base nos dados a seguir, responder à questão.:

Disponibilidades	R$ 10.000,00
Contas a receber	R$ 35.000,00
Duplicatas descontadas	R$ 10.000,00
Imobilizado	R$ 21.000,00
Investimento	R$ 4.500,00
Salários a pagar	R$ 80.000,00
Fornecedores	R$ 35.000,00

Capital Social   R$ 15.500,00

Pode-se afirmar que o ativo circulante é de:

a) R$ 55.000,00

b) R$ 25.500,00

c) R$ 45.000,00

d) R$ 90.000,00

e) R$ 35.000,00

SOLUÇÃO

Com base nas informações acima, temos as seguintes contas e valores para o ativo circulante:

Disponibilidades	R$ 10.000,00
Contas a receber	R$ 35.000,00
Total	**R$ 45.000,00**

Gabarito: C

---

49. Banca: CESPE **Cargo:** Agente **Órgão:** PF **Ano:** 2018

Considere os dados da tabela a seguir, retidos da contabilidade de determinada sociedade empresarial, com valores em reais (R$):

- Caixa e equivalentes   10.000,00
- Duplicatas a receber   80.000,00
- Estoques   50.000,00
- Máquinas   100.000,00
- Terrenos   160.000,00
- Marcas e patentes   100.000,00
- Fornecedores   200.000,00
- Duplicatas descontadas   40.000,00
- Salários e encargos a pagar   200.000,00

- Capital social — 150.000,00
- Vendas de mercadorias — 1.000.000,00
- Custo das mercadorias vendidas — 600.000,00
- Despesas administrativas — 90.000,00
- Despesas comerciais — 160.000,00
- Despesas financeiras — 33.000,00
- Outras despesas — 41.000,00
- IR e CSLL — 26.000,00

Com base nessas informações, julgue os itens que se seguem:

As contas do ativo dessa empresa somam R$ 500.000.

Certo ( ) Errado ( )

GABARITO: Certo

A questão está certa. Bastaria classificar as contas em grupos do Balanço Patrimonial. A banca até facilitou nesse caso, pois colocou por ordem de grupo.

Vamos às contas de ativo:

Caixa e equivalentes	10.000,00
Duplicatas a receber	80.000,00
Estoques	50.000,00
Máquinas	100.000,00
Terrenos	160.000,00
Marcas e patentes	100.000,00
Total	**500.000,00**

---

50. Banca: FGV **Cargo:** Contador **Órgão:** SEDUC-AM **Ano:** 2014

A Cia X é uma empresa de consultoria. Em seu balanço patrimonial, de 31/12/2013, deve estar contabilizado como ativo circulante:

a) Empréstimo bancário obtido com prazo de 05 de outubro de 2014.

b) Saldo a receber de clientes em 10 de janeiro de 2015.

c) Contas a receber por um serviço de consultoria prestado à empresa controlada, para

recebimento em julho de 2014.

d) Adiantamento a acionista que deverá ser recebido em maio de 2014.

e) O saldo de dividendos a ser distribuído referente ao ano de 2013.

SOLUÇÃO

A alternativa A está errada, pois os empréstimos obtidos com prazo para pagamento em 05 de outubro de 2014 devem ser evidenciados no passivo circulante.

A alternativa B está errada, pois se a empresa vai receber somente em 10 de janeiro de 2015 deve classificar como ativo não circulante.

A alternativa C está certa, pois as contas a receber são direitos e, portanto, representam um ativo. Sendo o recebimento dentro do exercício subsequente ao balanço publicado, deve classificar no ativo circulante.

A alternativa D está errada, pois os adiantamentos a diretores devem ser classificados no realizável a longo prazo.

A alternativa E está errada, pois o saldo de dividendos a pagar deve ser classificado no passivo circulante.

Gabarito: C

51. **Banca:** UFMT **Cargo:** Contador **Órgão:** TJ-MT **Ano:** 2016

Para o setor privado, "o pagamento antecipado de aluguéis" se relaciona a uma Despesa:

a) Paga e Não Incorrida

b) Incorrida e Não Paga

c) Paga e Incorrida

d) Incorrida

e) Não paga

SOLUÇÃO

Questão fácil!

O pagamento antecipado de aluguel ocasiona uma **despesa antecipada**, na qual a despesa foi paga antecipadamente, mas ainda não ocorreu.

Gabarito: A

52. Banca: CESPE Cargo: Contador Órgão: CADE Ano: 2014

O ativo imobilizado pode, eventualmente, incluir bens incorpóreos.

Certo ( ) Errado ( )

SOLUÇÃO

A questão está errada!

De acordo com a legislação, no ativo imobilizado são classificados os direitos que tenham **por objeto bens corpóreos** destinados à manutenção das atividades da companhia ou da empresa ou exercidos com essa finalidade, inclusive os decorrentes de operações que transfiram à companhia os benefícios, riscos e controle desses bens.

Os bens incorpóreos **devem ser classificados no ativo intangível.**

Gabarito: Errado

53. Banca: FGV Cargo: Auditor Órgão: ISS-RECIFE Ano: 2014

Uma entidade adquiriu 10 apartamentos, em um prédio ao lado de sua fábrica, por R$ 500.000,00 cada. Esses apartamentos são alugados para funcionários da entidade que são originalmente, de fora do estado. No balanço Patrimonial dessa entidade, os apartamentos devem ser evidenciados no subgrupo:

a) Ativo circulante

b) ativo realizável a longo prazo

c) investimentos

d) Imobilizado;

e) Patrimônio líquido

SOLUÇÃO

Questão interessante!

Os imóveis destinados a aluguel para funcionários que trabalham na empresa **devem ser classificados como ativo imobilizado**.

Por quê? Pois são bens corpóreos destinados à manutenção das atividades da companhia ou exercidos com essa finalidade.

Logo, não podem ser classificados como investimentos.

Gabarito: D

---

54. Banca: CESPE **Cargo:** Analista – Finanças e Controle **Órgão:** MPU **Ano:** 2015

Denominam-se passivos exigíveis, tanto as obrigações classificadas até o término do exercício seguinte, quanto as que irão vencer após esse término.

Certo ( ) Errado ( )

SOLUÇÃO

A questão está certa!

Segundo a Lei das S.A, as obrigações da companhia, inclusive financiamentos para aquisição de direitos do ativo não circulante, serão classificadas no passivo circulante, quando se vencerem no exercício seguinte, e no passivo não circulante, se tiverem vencimento em prazo maior.

Gabarito: Certo

---

55. Banca: CESPE **Cargo:** Analista – Ciências Contábeis **Órgão:** SLU--DF **Ano:** 2019

Com base nos pronunciamentos técnicos do Comitê de Pronunciamentos Contábeis e nas disposições da Lei n. 6.404/1976 e suas alterações acerca de demonstrações contábeis, julgue o item.

A classificação de ativos e passivos como circulantes ou não circulantes deve obedecer ao ciclo operacional da empresa.

Certo ( ) Errado ( )

SOLUÇÃO

A questão está errada!

Pois a classificação em circulante ou não circulante pelo ciclo operacional ocorrerá apenas quando o **ciclo operacional tiver duração maior que o exercício social**.

Caso contrário, segue a lógica do exercício seguinte!

Gabarito: Errado

56. Banca: FGV **Cargo:** Auditor **Órgão:** AL-BA **Ano:** 2014

A Cia. W, em 31/12/2013, apresentou as informações a seguir:

Financiamentos	R$ 12.000,00
Dividendos a pagar	R$ 3.000,00
Fornecedores	R$ 7.000,00
Máquinas	R$ 100.000,00
Depreciação acumulada	R$ 30.000,00
Provisão para perda dos estoques	R$ 3.000,00
Marcas	R$ 30.000,00
Caixa e equivalentes de caixa	R$ 10.000,00
Aplicações financeiras	R$ 20.000,00
Salários a pagar	R$ 15.000,00
Estoques	R$ 35.000,00
Clientes	R$ 40.000,00
Provisão para créditos de liquidação duvidosa	R$ 2.000,00
Passivos contingentes	R$ 17.000,00
Devoluções sobre vendas	R$ 23.000,00
Obrigações fiscais	R$ 23.000,00

Considerando apenas essas informações, o Patrimônio Líquido da Cia. W, em 31/12/2013, era de:

a) R$ 123.000,00.

b) R$ 140.000,00.

c) R$ 143.000,00.

d) R$ 146.000,00.

e) R$ 152.000,00.

SOLUÇÃO

Para resolver a questão, será necessário classificar cada conta no seu respectivo grupo:

Classificando as contas, temos:

Ativo Circulante	**R$ 100.000,00**
Caixa e equivalentes de caixa	R$ 10.000,00
Aplicações financeiras	R$ 20.000,00
Estoques	R$ 35.000,00
Provisão para perda dos estoques	R$ (3.000,00)
Clientes	R$ 40.000,00
Provisão para créditos de liquidação duvidosa	R$ (2.000,00)
Ativo Não Circulante	**R$ 100.000,00**
Máquinas	R$ 100.000,00
Depreciação acumulada	R$ (30.000,00)
Marcas	R$ 30.000,00
Ativo Total	**R$ 200.000,00**
Passivo Circulante	**R$ 60.000,00**
Fornecedores	R$ 7.000,00
Dividendos a pagar	R$ 3.000,00
Salários a pagar	R$ 15.000,00
Financiamentos	R$ 12.000,00
Obrigações fiscais	R$ 23.000,00
Passivo Total	**R$ 60.000,00**

PL = 200.000,00 − 60.000,00 = **140.000,00**

Gabarito: B

57. Banca: Quadrix **Cargo:** Contador **Órgão:** CRA-PR **Ano:** 2019

A respeito da contabilização de operações contábeis diversas, julgue o item a seguir:

A provisão para o pagamento dos tributos incidentes sobre as vendas deve ser constituída ainda que o resultado do exercício seja negativo.

Certo ( ) Errado ( )

SOLUÇÃO

A questão está certa!

Pois o pagamento de tributos sobre vendas tem como base de cálculo a receita de venda.

Diferentemente da provisão dos tributos sobre lucros, que tem como base o lucro antes do IR/CSLL.

Ou seja, os tributos sobre vendas não dependem do resultado da empresa.

Gabarito: Certo

---

58. Banca: AOCP **Cargo:** Perito Oficial Criminal **Órgão:** PC-ES **Ano:** 2019

Determinada empresa adquiriu, em 31/12/2014, uma máquina no valor de R$ 130.000,00 a prazo, sendo esse valor registrado no seu ativo imobilizado. Na data da aquisição, o bem foi colocado em uso e a empresa estimou que a vida útil será de 10 anos e o seu valor residual de R$ 30.000,00. Sabendo-se que a empresa utiliza o método linear para o cálculo da depreciação. Com base nessas informações, o valor contábil apresentado no Balanço Patrimonial de 31/12/2016 foi, em reais:

a) 130.000,00

b) 120.000,00

c) 110.000,00

d) 100.000,00

e) 90.000,00

SOLUÇÃO

Vamos simplificar?

Custo:	130.000
(-) Valor residual	(30.000)
Valor depreciável	100.000
Vida útil:	10 anos
Depreciação anual	10.000 (100.000 / 10)
Período entre 31/12/2014 a 31/12/2016	2 anos
Depreciação do período	20.000 (10.000 x 2)
Valor contábil	110.000 (130.000 − 20.000)

Gabarito: C

59. Banca: FCC **Cargo:** Técnico **Órgão:** ARTESP **Ano:** 2017

A empresa Coruja S.A., ao adquirir mercadorias para o carnaval de 2017, incorreu nos seguintes gastos:

Mercadorias: R$ 120.000,00 (valor líquido de tributos)

Frete sobre compras: R$ 3.000,00 (valor líquido de tributos)

Seguro: R$ 2.000,00 (transporte das mercadorias até a empresa)

ICMS: R$ 20.000,00

IPI: R$ 10.000,00

Sabe-se que a empresa é contribuinte do ICMS, mas não é contribuinte do IPI. Com base nestas informações, o valor reconhecido como Estoques foi, em reais:

a) 135.000,00

b) 123.000,00

c) 125.000,00

d) 145.000,00

e) 155.000,00

SOLUÇÃO

O custo dos estoques compreende:

- Preço de compra

- Tributos (exceto os recuperáveis)

- Custos de transporte, seguro, manuseio e outros diretamente atribuíveis à aquisição.

Logo:

(+) Mercadorias	120.000,00
(+) Frete	3.000,00
(+) Seguro	2.000,00
(+) IPI	10.000.00
(=) Custo do Estoque	**135.000,00**

Gabarito: A

---

60. Banca: CESPE **Cargo:** Perito Criminal Federal **Órgão:** SEGESP-
-AL **Ano:** 2013

Em uma economia deflacionária, o método de controle de estoques primeiro que entra primeiro que sai (PEPS) tende a apresentar custo do produto vendido mais elevado que o método da média ponderada móvel.

Certo ( ) Errado ( )

SOLUÇÃO

Para que você não erre essa questão, vamos fazer uma tabela que será bastante utilizada:

Em uma economia inflacionária (o que é mais normal):

PEPS: O estoque e o lucro bruto são maiores (superavaliados) e o CMV menor (subavaliado).

UEPS: O estoque e o lucro bruto são menores (subavaliados) e o CMV maior (superavaliado).

Descrição	PEPS	Média Ponderada	UEPS
Estoque	Maior	Médio	Menor
CMV	Menor	Médio	Maior
Lucro Bruto	Maior	Médio	Menor

Em uma economia deflacionária:

PEPS: O estoque e o lucro bruto são menores (subavaliados) e o CMV maior (superavaliado).

UEPS: O estoque e o lucro bruto são maiores (superavaliados) e o CMV menor (subavaliado).

Descrição	PEPS	Média Ponderada	UEPS
Estoque	Menor	Médio	Maior
CMV	Maior	Médio	Menor
Lucro Bruto	Menor	Médio	Maior

Gabarito: Certo

61. . Banca: CESPE Cargo: Analista de Gestão Educacional Órgão: SEDF Ano: 2017

A conta de ajuste de avaliação patrimonial, integrante do patrimônio líquido, representa a contrapartida de aumentos ou diminuições do valor de elementos patrimoniais avaliados a valor justo, podendo ter partes de seu valor transferidas diretamente para lucros ou prejuízos do exercício, quando da baixa dos itens patrimoniais que lhe deram causa.

Certo ( ) Errado ( )

SOLUÇÃO

A questão está certa!

Pois de acordo com a Lei 6.404, serão classificadas como ajustes de avaliação patrimonial, enquanto não computadas no resultado do exercício em obediência ao regime de competência, as contrapartidas de aumentos ou diminuições de valor atribuídos a elementos do ativo e do passivo, em decorrência da sua avaliação a valor justo. Os valores registrados nessa conta **deverão ser transferidos para o resultado do exercício à medida que os ativos e passivos forem sendo realizados.**

Gabarito: Certo

62. Banca: CESPE Cargo: Contador Órgão: MPE-AL Ano: 2018

Assinale a opção que indica, na elaboração do Balanço Patrimonial de uma sociedade empresária, o que deve ser contabilizado como Disponibilidades:

a) O numerário em trânsito decorrente de remessas para filiais.

b) Os saldos de contas mantidas em bancos em liquidação.

c) Os saldos de contas mantidas em bancos sob intervenção.

d) Os depósitos vinculados à liquidação de empréstimos.

e) Os depósitos com restrição de movimentação por força de cláusula contratual de financiamento.

SOLUÇÃO

Representam disponibilidades:

- Caixa

- Bancos

- Aplicações financeiras de liquidez imediata que não estejam sujeitos a risco considerável de mudança de valor

- Número em trânsito (enquanto estiverem em trânsito)

Os saldos mantidos em bancos em liquidação e sob intervenção, bem como aqueles vinculados e empréstimos e com restrições de movimentação **representam valores que não estão disponíveis para a empresa.**

Gabarito: A

63. Banca: FGV **Cargo:** Técnico em Contabilidade **Órgão:** AL-RO **Ano:** 2018

Em 02/07/2018, uma empresa de turismo vendeu um pacote para uma família passar as férias de janeiro de 2019, em Orlando. O valor foi pago integralmente em julho.

Assinale a opção que indica o lançamento correto da transação, na data da venda:

a) D - Caixa C - Receita

b) D - Custos dos serviços prestados C - Receita

c) D - Caixa C - Receita antecipada

d) D - Custos dos serviços prestados C - Receita antecipada

e) D - Caixa C - Resultado de Exercícios Futuros

SOLUÇÃO

Considerando que a empresa recebeu antecipadamente por uma viagem que ainda vai acontecer, precisa reconhecer uma obrigação em seu balanço patrimonial.

Essa obrigação será denominada Receita Antecipada e será classificada no passivo.

Logo, essa transação deverá ser lançada da seguinte forma:

D Caixa

C Receitas Antecipadas

Gabarito: C

64. Banca: CESPE **Cargo:** Contador **Órgão:** DPU **Ano:** 2016

Caso determinada sociedade empresária estime uma provisão, em virtude de garantia oferecida por problema no funcionamento inadequado de produto vendido, essa sociedade deverá reconhecer um passivo e uma despesa no momento da venda, pelo valor estimado.

Certo ( ) Errado ( )

SOLUÇÃO

A questão está certa, pois a provisão é um **passivo com prazo e valor incertos.**

Nesse contexto, sua contabilização pelo valor estimado, ocorre da seguinte forma:

D – Despesa com provisão (reconhecimento de uma despesa)

C – Provisão para garantias (reconhecimento de um passivo)

Gabarito: Certo

65. Banca: CESPE **Cargo:** Assistente de Contabilidade **Órgão:** FUNPRESP-JUD **Ano:** 2016

Acerca de provisões, passivos e contingências passivas e ativas, julgue o item subsecutivo.

O contador de uma empresa que tenha sido multada por haver causado danos ambientais deverá reconhecer uma provisão para contingências no valor da multa a ser paga.

Certo ( ) Errado ( )

SOLUÇÃO

A questão errada, pois provisões são passivos de prazo ou valor incertos!

E a multa já é **líquida (valor definido) e certa (prazo certo de pagamento ou vencimento).**

Gabarito: Errado

DEMONSTRAÇÃO DO RESULTADO DO EXERCÍCIO

66. Banca: FGV **Cargo:** Analista Judiciário **Órgão:** TJ-BA **Ano:** 2015

Durante o exercício de 20x2 uma empresa, caracterizada como sociedade anônima de capital aberto, passou por sérias dificuldades financeiras em decorrência de mudanças no cenário econômico e no mercado externo. A empresa declara dividendos com base no resultado contábil e nas normas societárias. Não havia saldo de reservas e nem de lucros acumulados no balanço do exercício anterior. No citado exercício a empresa não pôde declarar dividendos. Considerando exclusivamente as informações dadas, pode-se afirmar que, ao final do exercício:

a) a empresa apresentou situação de passivo a descoberto

b) o total dos ativos superava o total de passivos

c) o total dos passivos superava o total de ativos

d) o capital de terceiros superava o capital próprio

e) a demonstração de resultado apresentou prejuízo

SOLUÇÃO

Vamos analisar com atenção!

A empresa distribui dividendos quando apresenta lucros!

Considerando que não havia saldos de reservas e de lucros acumulados, qualquer alternativa que não faça menção ao resultado do exercício estaria errada.

Logo, a única alternativa correta é a letra E.

Ou seja, na inexistência de lucros no exercício, não há dividendos a distribuir.

Gabarito: E

67. Banca: FGV **Cargo:** Técnico em Contabilidade **Órgão:** COMPE-SA/PE **Ano:** 2018

Assinale a opção que indica o que é evidenciado pela Demonstração do Resultado do Exercício:

a) A riqueza gerada pela entidade e pertencente ao acionista.

b) A riqueza gerada pela entidade e pertencente à sociedade.

c) As aplicações e as origens dos recursos da entidade.

d) A movimentação ocorrida nas contas pertencentes aos sócios da entidade.

e) A parte dos recursos financeiros gerada internamente pela entidade.

SOLUÇÃO

A alternativa A está correta, pois a riqueza gerada pela entidade e pertencente ao acionista é apurada na DRE.

A alternativa B está errada, pois a riqueza gerada pela entidade pertence aos acionistas.

A alternativa C está errada, pois as aplicações e as origens dos recursos da entidade são apresentadas na DOAR que deixou de ser obrigatória.

A alternativa D está errada, pois a movimentação ocorrida nas contas pertencentes aos sócios da entidade é apresentada na DMPL.

A parte dos recursos financeiros gerada internamente pela entidade é apresentada na DVA.

Gabarito: A

68. Banca: CESPE **Cargo:** Agente **Órgão:** PF **Ano:** 2018

Considere os dados da tabela a seguir, retidos da contabilidade de determinada sociedade

empresarial, com valores em reais (R$):

Caixa e equivalentes	10.000,00
Duplicatas a receber	80.000,00
Estoques	50.000,00
Máquinas	100.000,00
Terrenos	160.000,00
Marcas e patentes	100.000,00
Fornecedores	200.000,00
Duplicatas descontadas	40.000,00
Salários e encargos a pagar	200.000,00
Capital social	150.000,00
Vendas de mercadorias	1.000.000,00
Custo das mercadorias vendidas	600.000,00
Despesas administrativas	90.000,00
Despesas comerciais	160.000,00
Despesas financeiras	33.000,00
Outras despesas	41.000,00
IR e CSLL	26.000,00

Com base nessas informações, julgue os itens que se seguem:

O lucro bruto do exercício da referida empresa foi de R$ 50.000.

Certo ( ) Errado ( )

SOLUÇÃO

A questão está errada. Precisaríamos apurar o lucro bruto da entidade a partir da elaboração de uma parte da DRE.

Vamos lá:

Vendas de mercadorias	1.000.000,00
(-) Custo das mercadorias vendidas	(600.000,00)
= Lucro Bruto	**400.000,00**

GABARITO: Errado

69. **Banca:** CESPE **Cargo:** Técnico em Contabilidade **Órgão:** EBSERH **Ano:** 2018

Julgue os próximos itens, a respeito das demonstrações financeiras.

A demonstração do resultado do exercício deve ser elaborada em observância ao princípio da competência.

Certo ( ) Errado ( )

SOLUÇÃO

A DRE evidencia o desempenho da entidade em determinado período, através do confronto entre receitas e despesas.

Esse confronto deve ser apresentado em observância ao princípio da competência, onde as receitas e despesas são reconhecidas no momento do fato gerador, independentemente do pagamento ou recebimento.

GABARITO: Certo

70. **Banca:** FGV **Cargo:** Contador **Órgão:** Pref. Salvador **Ano:** 2017

Uma sociedade empresária apresentava as seguintes contas em sua Demonstração do Resultado do exercício de 31/12/2016:

Compras de estoque	R$ 100.000
Estoque inicial	R$ 30.000
Estoque final	R$ 40.000

Devolução de compras:	R$ 20.000
Devolução de vendas	R$ 15.000
Vendas brutas:	R$ 400.000
Descontos financeiros concedidos:	R$ 25.000,00
Abatimentos concedidos	R$ 10.000
Despesas operacionais	R$ 60.000
Receitas financeiras:	R$ 100.000

Assinale a opção que indica o lucro bruto da empresa em 31/12/2016:

a)	R$ 280.000
b)	R$ 285.000
c)	R$ 305.000
d)	R$ 330.000
e)	R$ 345.000

SOLUÇÃO

Pessoal, inicialmente precisaremos calcular o CMV:

CMV = EI + Compras Líquidas − EF

Reparem que da compra de R$ 100.000,00 foi devolvido R$ 20.000,00

CMV = 30.000 + (100.000 − 20.000) − 40.000

CMV = 70.000

Agora vamos a montagem da DRE:

Vendas Brutas	**400.000,00**
(-) Devolução de vendas	(15.000,00)
(-) Abatimentos Concedidos	(10.000,00)
= Vendas líquidas	**375.000,00**
(-) Custo das Mercadorias Vendidas	(70.000,00)
= Lucro Bruto	**305.000,00**

Gabarito: C

71. Banca: CESPE **Cargo:** Oficial Técnico de Inteligência **Órgão:** ABIN **Ano:** 2018

De acordo com as normas contidas nas legislações de contabilidade aplicáveis às demonstrações contábeis, julgue o item que se segue.

Na demonstração de resultado do exercício (DRE), as despesas devem ser subclassificadas. A escolha da classificação dos gastos pela função da despesa ou pelos gastos por natureza está baseada na capacidade de o método proporcionar informação mais confiável e mais relevante à entidade, cumpridas as determinações legais.

Certo ( ) Errado ( )

SOLUÇÃO

A questão está certa, pois segundo o CPC 26, a escolha entre o método da função das despesas e o método da natureza das despesas depende de fatores históricos e setoriais e da natureza da entidade.

Ambos os métodos proporcionam uma indicação das despesas que podem variar, direta ou indiretamente, com o nível de vendas ou de produção da entidade. Dado que cada método de apresentação tem seu mérito conforme as características de diferentes tipos de entidade, este Pronunciamento Técnico estabelece que cabe à administração eleger o método de apresentação mais relevante e confiável, atendidas as exigências legais. Entretanto, dado que a informação sobre a natureza das despesas é útil ao prever os futuros fluxos de caixa, é exigida divulgação adicional quando for usada a classificação com base no método da função das despesas.

Gabarito: Certo

ESTRUTURA CONCEITUAL – CPC 00

72. Banca: CESPE **Cargo:** Contador **Órgão:** DPU **Ano:** 2016

Em relação ao reconhecimento e mensuração de ativos e passivos, de receitas e despesas, e de ganhos e perdas, julgue o item subsequente:

Deve-se reconhecer um passivo caso haja uma obrigação futura da entidade, derivada de eventos passados, cuja liquidação resultará na saída de recursos da entidade capazes de gerar benefícios econômicos.

Certo ( ) Errado ( )

SOLUÇÃO

A questão está errada, pois o passivo é definido como uma **OBRIGAÇÃO PRESENTE e não futura da entidade**, derivada de eventos passados, cuja liquidação se espera que resulte na saída de recursos da entidade capazes de gerar benefícios econômicos.

Gabarito: Errado

73. Banca: CESPE **Cargo:** Auditor de Controle Externo **Órgão:** TCE-PA **Ano:** 2016

Ativo é o conjunto de bens e direitos que resultam de eventos passados e sobre os quais a entidade detém direitos de propriedade que lhe permitem obter benefícios econômicos.

Certo ( ) Errado ( )

SOLUÇÃO

A questão está errada, pois um ativo não necessariamente precisa:

- Ter substância física

- **Ter direito de propriedade**

- Ser comprado ou produzido.

Ou seja, basta ser um recurso controlado derivado de evento passado e que se espera que resulte em benefício econômico futuro para a entidade.

Gabarito: Errado

74. Banca: CESPE **Cargo:** Agente **Órgão:** PF **Ano:** 2018

De acordo com a Norma Brasileira de Contabilidade, para que uma informação contábil seja capaz de fazer a diferença nas decisões, ela deve ter valor preditivo, confirmatório ou ambos.

Certo ( ) Errado ( )

SOLUÇÃO

A questão está certa, pois de acordo com o CPC 00:

Informações financeiras **relevantes são capazes de fazer diferença nas decisões tomadas pelos usuários**. Informações podem ser capazes de fazer diferença em uma decisão ainda que alguns usuários optem por não tirar vantagem delas ou já tenham conhecimento delas a partir de outras fontes.

Informações financeiras são capazes de fazer diferença em decisões se **tiverem valor preditivo ou valor confirmatório, ou ambos**.

GABARITO: Certo

---

75. Banca: CESPE **Cargo:** Agente **Órgão:** PF **Ano:** 2018

Relevância, materialidade e fidedignidade são as características qualitativas fundamentais da informação contábil útil.

Certo ( ) Errado ( )

GABARITO: Errado

A questão está errada, pois de acordo com o CPC 00 materialidade **é apenas um atributo da característica qualitativa fundamental da relevância.**

Na verdade, as características fundamentais são **relevância e representação fidedigna**.

PRONUNCIAMENTOS CONTÁBEIS TÉCNICOS ESPECÍFICOS

76. Banca: CESPE **Cargo:** Analista Administrativa **Órgão:** ANTAQ **Ano:** 2014

Julgue o seguinte item, com relação ao conceito, à classificação e à avaliação de itens patrimoniais diversos.

O ajuste a valor presente de venda a longo prazo enseja redução na conta de receita bruta de vendas.

Certo ( ) Errado ( )

SOLUÇÃO

Quando a empresa efetua uma venda a prazo há juros embutidos. Assim, de acordo com o CPC 12, ao trazer a valor presente, a receita bruta de vendas é reduzida, pois todo o efeito financeiro (juros embutidos) é reconhecido como receita financeira a apropriar (ajuste a valor presente), a qual será reconhecida no resultado mensalmente, em obediência ao princípio da competência.

Gabarito: Certo

---

77. Formulada pelo professor

O valor pelo qual um ativo pode ser intercambiado ou um passivo pode ser liquidado entre partes interessadas que atuam em condições independentes e isentas, ou conhecedoras do mercado, denomina-se valor patrimonial.

Certo ( ) Errado ( )

SOLUÇÃO

A questão está errada, pois esse é o conceito de valor justo.

Segundo o CPC 46, valor justo é o preço que seria recebido pela venda de um ativo ou pago pela transferência de um passivo em uma transação não forçada no mercado principal (ou mais vantajoso) na data de mensuração nas condições atuais de mercado (ou seja, preço de saída), independentemente de esse preço ser diretamente observável ou estimado utilizando-se outra técnica de avaliação.

GABARITO: Errado

78. Banca: CESPE **Cargo:** Analista Portuário **Órgão:** EMAP **Ano:** 2018

Relativamente aos procedimentos de mensuração e avaliação de itens patrimoniais, de acordo com os pronunciamentos do Comitê de Pronunciamentos Contábeis (CPC), julgue o item subsequente.

O *impairment test* dos ativos intangíveis com vida útil indefinida deve ser realizado anualmente, mesmo que não haja indícios de que possa ter havido perda da recuperabilidade de seu valor.

Certo ( ) Errado ( )

SOLUÇÃO

Segundo o CPC 01, a entidade deve avaliar ao fim de cada período de reporte, se há alguma indicação de que um ativo possa ter sofrido desvalorização. Se houver alguma indicação, a entidade deve estimar o valor recuperável do ativo.

No entanto, existem algumas exceções para essa regra geral de acordo com o referido pronunciamento:

Independentemente de existir, ou não, qualquer indicação de redução ao valor recuperável, a entidade deve **testar, no mínimo anualmente, a redução ao valor recuperável de um ativo intangível com vida útil indefinida ou de um ativo intangível ainda não disponível para uso.**

GABARITO: Certo

79. Banca: CESPE **Cargo:** Analista Judiciário **Órgão:** TRT-7 **Ano:** 2017

Determinada empresa adquiriu um equipamento produtivo, com vida útil estimada de dez anos, pelo valor de R$ 250 mil. A empresa trabalha com um valor residual de 10% para todos os seus ativos produtivos. Ao final do quinto ano de uso, após apurada e contabilizada a depreciação correspondente de todos os ativos da empresa, avaliou-se o valor em uso do referido equipamento produtivo em R$ 125 mil, e o seu valor justo, líquido das despesas de venda, em R$ 135 mil. Nessa situação hipotética, a empresa deverá reconhecer uma perda por desvalorização do equipamento no valor de:

a) R$ 2,5 mil

b) R$ 10,0 mil

c) R$ 12,5 mil

d) R$ 22,5 mil

SOLUÇÃO

A entidade deverá reconhecer a perda por desvalorização de ativos, quando:

Valor contábil > Valor recuperável (Maior valor entre uso e líquido de venda)

Onde:

Valor contábil: Custo – Depreciação acumulada

Valor em uso: Valor presente dos fluxos de caixa futuros gerados pelo uso do ativo

Valor líquido de venda: Valor justo – despesas de vendas

Logo:

Custo de Aquisição	250.000,00
(-) Valor Residual	(25.000,00)
(=) Valor Depreciável	225.000,00

Depreciação anual = 225.000/10 anos = 22.500,00

Depreciação acumulada = 22.500,00 x 5 anos = 112.500,00

Valor Contábil: 250.000,00 – 112.500,00 = 137.500,00

Valor em uso: 125.000,00

Valor líquido de venda: 135.000,00

Valor recuperável: 135.000,00

Valor contábil: 137.500,00

> **Valor contábil maior do que o valor recuperável em 2.500,00, logo, deve ser reconhecida uma perda de 2.500.**
>
> **Gabarito: A**

80. Banca: CESPE Cargo: Escrivão Órgão: PF Ano: 2018

Para a melhoria na qualidade do atendimento ao público, certa unidade policial adquiriu 8 computadores e 3 impressoras, que foram postos em uso na mesma data de compra, nas seguintes condições:

- preço de cada computador: R$ 3.500
- preço de cada impressora: R$ 600
- tempo de vida útil estimada: 5 anos para ambos os equipamentos
- data da compra: 1º/7/20x0.

A respeito dessa situação hipotética, julgue o item subsequente.

Ao realizar-se a contabilização dos bens adquiridos, eles deverão ser classificados no patrimônio da unidade como imobilizados do grupo de ativos não circulantes.

Certo ( ) Errado ( )

SOLUÇÃO

A questão está certa, pois de acordo com o CPC 27, ativo imobilizado é o item tangível que é mantido para uso na produção ou fornecimento de mercadorias ou serviços, para aluguel a outros, ou para fins administrativos; e se espera utilizar por mais de um período.

No caso exposto pela questão, a aquisição dos computadores e impressora possui o objetivo de melhorar o atendimento ao público, ou seja, serão utilizados para fins administrativos.

Além disso, espera-se utilizar por 5 anos, logo por mais de um período.

Logo, a questão se enquadra plenamente na definição de ativo imobilizado.

GABARITO: Certo